云战略

企业数字化转型行动路线图

田丰 崔昊

著

中信出版集团 · 北京

图书在版编目（CIP）数据

云战略：企业数字化转型行动路线图 / 田丰，崔昊著 . -- 北京：中信出版社，2018.10（2019. 12重印）
ISBN 978-7-5086-9427-6

I. ①云… II. ①田… ②崔… III. ①企业管理－数字化－研究 IV. ① F272.7

中国版本图书馆 CIP 数据核字（2018）第 199418 号

云战略——企业数字化转型行动路线图

著　　者：田　丰　崔　昊
出版发行：中信出版集团股份有限公司
（北京市朝阳区惠新东街甲 4 号富盛大厦 2 座　邮编　100029）
承 印 者：北京通州皇家印刷厂

开　　本：880mm×1230mm　1/32　　印　　张：7.25　　字　　数：164 千字
版　　次：2018 年 10 月第 1 版　　印　　次：2019 年12月第4 次印刷
广告经营许可证：京朝工商广字第 8087 号
书　　号：ISBN 978-7-5086-9427-6
定　　价：58.00 元

目 录

第四章 智能化创新战略

第五章 生态化创新战略

序

云巅之战，略高一筹

这是一个“创新为王”的时代，科技重构商业，商业加速科技；这是一个“大胆变革”的时代，互联网实体产业化，实体产业互联网化；这是一个“焦虑至死”的时代，跨界想象力是企业进攻的极限，创新执行力是企业御敌的护城河。很多企业家头脑中的世界已经成为过去时。过去 100 年，人类聚居在电力与陆上交通发达的地区；未来 100 年，人类居住在网络与计算发达的地区。短短两年后，2020 年新世界的中心将是一个由 50 亿网民与 500 亿联网设备组成的“数字经济黑洞”，吸引互联网企业与实体企业全面融合，加速线下人口的连通；互联网溢出的科技红利、商业红利、人才红利、政策红利、投资红利普惠赋能实体产业，各行各业的创新型企业家迎来“产业 BAT[①] 模式”的商业盛宴；中国市场凭借世界最大规模的在线数据资源（全球占比五分之一），拥有 10 万亿美元 GDP（国内生产总值）产业升级的巨大空间，同时在云上汇聚海外创客力量，激活“数字一带一路”“数字金砖五国”的庞大市场，云上数字化创新是一场价值数十万亿美元的全球产业变革机遇。

“数字湾区产业带”正在引领“中国制造 2025”、新零售、新型智慧城市的产业变革。借助“全国百万企业上云”的东风，阿里云将在未来 10 年全面融入粤港澳大湾区、杭州湾区、渤海大湾区的新型数字孪生产业带建设，将互联网技术作为核心能力，成为广东制造业、江浙沪新零售、京津冀－雄安新型智慧城市升级转型的关键引擎。目前，全国涌现出一大批正在使用阿里云 ET 工业大脑的制造业企业：全球领先的太阳能组件生产企业常州天合光能将电池片 A 品率提升了 7%，苏州协鑫光伏将良品率提升了 1%，全球前三的中策橡胶将混炼胶合格率提升了 5%。而广东制造业规模位列全球第五，是中国智造的“火车头”。全球前三的通信天线厂商广东京信通信，利用 ET 工业大脑产品将调试效率提升了 50%；位于中山的木林森正在进行生产良品率和设备利用率的提升；迪森热能已经着手对锅炉健康状况与设备故障进行预测，目标是提前 6~12 小时发出预警。数据显示，阿里云在广东服务的企业已经超过 10 万家，以数据中台、行业大脑等先进数据技术赋能珠江啤酒、OPPO、珠江钢琴、金立、美的等知名企业，而顺德地区的

① BAT 指百度、阿里巴巴、腾讯。——编者注

中小工厂同样能够广泛应用阿里云上的普惠科技。

万物计算，一云协同，AIoT[①] 构筑“智能协同网”。过去 20 年的互联网是“人联网”，未来 20 年的互联网是“物联网”。互联网的上半场是将人类活动数字化，比如电商、社交、文化娱乐等，催生了今天蓬勃发展的互联网市场，背后是全球 40 亿网民。互联网的下半场是将整个物理世界数字化，道路、汽车、森林、河流、厂房……甚至每一个垃圾桶都会被抽象到数字世界，连到互联网上，实现“物—物”交流、“人—物”交互。这会是一场更加深刻的技术变革，一场全新的生产力革命。阿里云 IoT 定位为物联网基础设施的搭建者，计划在未来 5 年内连接 100 亿台设备，即将全球五分之一的设备连接上云，并在 2018 年战略投入“边缘计算”“行业大脑”这一新兴 AIoT 技术领域，打造全世界第一朵“无处不在的智能云”。从杭州“城市大脑”40 万路面传感器，实时提供交通事故监控与红绿灯算法，到遍布全球 250 座城市的 2000 万辆小黄车的智能车锁，ofo 基于云上潮汐骑行数据调度 20 个国家的共享单车区域投放，阿里云为政府和企业独角兽提供横跨云、边、端多个维度的数据智能与网络协同能力，包括物联网操作系统 AliOS Things、IoT 边缘计算产品、通用物联网平台，实现物的实时决策和自主协作，将物联网真正推向“智联网”。

“非对称科技”正在创造“非对称国家竞争力”与“非对称商业竞争力”。中国对欧美的换道超车不能采用亦步亦趋的“模仿棋”策略，工业经济时代的“数字化转型”应让位于数字经济时代的“数字化创

① AIoT 即 AI+IoT，指 AI（人工智能）技术在 IoT（Internet of Things，物联网）领域的落地应用。——编者注

新”，即数字化转型是“升级”，数字化创新是“升维”，只有升维才能获得非对称竞争能力。依托“一带一路”“金砖五国”的庞大人口消费需求与市场容量，网络协同将创造出超越美国的全球新一代数字商业贸易网络“eWTP”。而万物计算产生的数据战略资源会快速重构跨越国界的行业中台、行业大脑、行业协同模式。采用“智能平台”模式的淘工厂，引入海量服饰鞋帽加工厂，利用网络协同为网红军团构筑起“超级供应链”，并利用数据算法分析订单个性化需求，5 分钟内挑选最合适的厂家自动派单，从而赋能雪梨、张大奕、安娜等数十人的网红团队，2017 年“双 11”取得单日销售额超 3 亿元的新零售奇迹，超越了多个国际时尚大牌的线上销售额。而中石化在阿里云上借助阿里巴巴的电商中台架构，3 个月构建起“易派客”工业品电商平台，利用自身每年采购预算撬动近十万家供应商与工业企业，形成双边网络协同平台，2017 年平台交易额超过 1300 亿元，并通过云出海走向“一带一路”，为沿线国家的工业企业提供工业贸易采购和供应链金融服务。四川特驱集团利用人工智能技术养猪、茅台酒业大数据反黄牛、新西兰奶粉区块链溯源、中金易云利用人工智能技术寻找下一本畅销书，都是非对称科技产生的独特商业核心竞争力。现在，中国 60% 的省份设有阿里云创新中心，通过普惠科技赋能帮助国内数千万中小企业、开发者降低技术与商业创新门槛。阿里巴巴正在全国打造“1+100”个云栖小镇模式，加速发展生态伙伴。飞天战略营、云栖社区、云栖 TechDay 等全国新商业、新技术巡回沙龙，都在帮助中小企业推动各行各业的数字化创新、非对称科技研发。

在云上，用科技探索新商业边界，创造新商业模式，才是无法计

算的价值！依托云计算，我们身边的商业模式、生活效率、创新半径正在发生着巨大的变革。今天的成功与失败跟一家企业的做事方法相关，而与努力与否无关。如果不能在最高效的智能平台上发挥创造力和想象力，那么越努力可能会越快失败。这个新平台既具有数据智能与网络协同的商业能力，又具有类似互联网企业的创新组织能力。

阿里云总裁　胡晓明

自　序

数字经济双子星的“量子纠缠”

未来50年，数字经济决定国家竞争力！从2015年“互联网+”创新摸索期，到2018年数字经济深化转型期，中国数字经济增速全球第一，[①]规模世界第二。习近平主席在第四届世界互联网大会上指出：“世界经济加速向以网络信息技术产业为重要内容的经济活动转变。我们要把握这一历史契机，以信息化培育新动能，用新动能推动新发展。要加大投入，加强信息基础设施建设，推动互联网和实体经济深度融合，加快传统产业数字化、智能化，做大做强数字经济，拓展经济发

① 《中国的数字经济：全球领先力量》，麦肯锡研究院，2017年。

展新空间。”[①] 中国企业做大做强数字经济，拓展经济发展新空间，实现中国从网络大国向网络强国的战略升级。

中美决胜数字经济制高点，必须依靠网络信息科技完成实体产业转型升级。放眼全球，中美科技创新、商业创新战略趋同，成为互为纠缠的数字经济双子星。客观来看，美国依靠硅谷、西雅图、波士顿产业带的科技先发优势，数字经济规模现居世界第一，领先欧亚。[②] 网信科技企业是数字经济的赋能器，通过普惠科技改变实体产业。据《经济学人》最新分析，中美科技产业实力对比已从 2012 年的 1∶6.7 发展到 2017 年的 1∶2.4，但中国科技产业总市值仅占美国同类产业的 32%，尤其在半导体、云端商用软件方面存在短板。[③]

数字经济的主战场是如何利用网信科技解决实体产业发展的实际难题的呢？中国 10 万亿美元的实体产业，正坐上“数字火箭”腾飞，采用自研的“云工具箱”（人工智能、物联网、区块链、互联网架构等）替代西方的“传统 IT 套装”（数据库、操作系统、中间件等），应用“云战略”解决实体产业转型升级中的各种“顽疾”。例如阿里云在 2017 年以云计算构建应用中台，以数据中台训练人工智能，解决了诸多新零售、新制造、新农业、新医疗、新交通、新体育中的挑战。

（1）ET 工业大脑：在协鑫光伏、天合光能等生产车间中，采用“工业大脑”提升光伏切片良品率、光伏板 A 品率，生产率每提升 1%，

① 人民网：http://world.people.com.cn/n1/2017/1010/c1002-29577324.html.

② 《全球数字经济竞争力指数（2017）》报告，上海社会科学院，2017 年发布。2016 年，美国数字经济规模 11 万亿美元，中国数字经济规模 3.8 万亿美元。

③ 《中美科技大对决》，《经济学人》2018 年 3 月刊。

每年创收上亿元。

（2）ET 农业大脑、ET 环境大脑：国家海洋局融合洋流、鱼类数据实现“大数据精准捕鱼”，某国际领先的种子公司利用视觉计算，自动监控玉米生长周期、水利灾害、病虫害、流行病监测、产量与零售预测。

（3）ET 医疗大脑：国内某医院采用“医疗大脑”，实现机器读片（肺结节 B 超等），准确率比医生提高 20%，实现全球领先。

（4）ET 航空大脑：北京首都机场、广州白云机场采用“航空大脑”提升机场客流和飞机流量，优化航班网络，缩短航班延误时间，并使国外某廉价航空公司在线官网实现“大数据反黄牛”，智能规避炒机票问题。

（5）ET 城市大脑：在杭州、衢州、马来西亚的吉隆坡等城市，以人工智能算法自动读取数十万传感器，实时识别道路交通拥堵、车祸、违章等问题，以“云脑”辅助“人脑”，使试点路口车辆通行速度提升 11%，通行时间减少 15.3%，日均主动报警 500 次，且准确率达到 92%。利用“绿波带”（一路绿灯）算法缩短 120 急救车到达患者家中时间一半以上。

（6）ET 奥运大脑：在韩国平昌冬奥会上采用“奥运大脑”辅助运动员训练、奥运场馆人流监控、人脸识别“无感通行”。

“一带一路”与“金砖五国”的超大规模商业需求是中国数字经济体的最强驱动力。凡是过去，皆为序曲。美国凭借全球市场、信息技术、美元金融、科技人才，在信息时代孕育出了世界 500 强跨国公司；而中国凭借“一带一路”市场、网信技术、互联网金融、工程师红利，将孕育出全球最大规模的数字经济体。阿里云长期致力于传统行业中的数字化转型战略研究、战略培训、战略咨询、战略转型解决方案，以科技探索“新商业”边界，助力中国数字经济加速赶超美国。

这是一个最好的时代，人人皆有机会。预判终局，早期投入，战略坚守，风口迭代。唯有相信，才能看见。谨以此书献给每一位中国数字化转型风口上的弄潮儿。

阿里云研究中心高级总监　田丰

第一章
战略踏空的灰犀牛

技术才是未来真正的红利。如果你没有独特的技术，靠规模、靠低成本，不管你是互联网企业还是实体经济，都会倒掉。

○——阿里巴巴集团董事局主席 **马云**——○

21 世纪的第二个 10 年，当走入中国大中型城市的任何一场大会、一家咖啡厅、一个商务饭局，你都会吃惊地听到“互联网”（抢地盘）、“投资”（抢钱）、“招聘”（抢人）三个超高频关键词，以及由此引发的“战略踏空”焦虑。这种心理状态已经成为中国 3000 万企业家的标配，即使年复一年拼命奔跑都无法让企业保持原有的地位。不是你的企业没做好，而是新一代市场用户不需要你了。对未来的不确定性成为这一代企业家最大的梦魇。

全球市场需求高速变化，企业如果无法同步升级，就会面临衰退甚至死亡，对于企业家来说，比“黑天鹅”更危险的是三头焦虑的“灰犀牛”：

（1）“对手”焦虑牛： 看不到敌人才是指挥官最大的敌人。每家企业只能看到今天的对手，却不知道未来 10 年自己最大的竞争对手正在哪里厚积薄发。正如苹果智能手机取代摩托罗拉的功能机、滴滴快车取代出租车、微信和钉钉取代短信、外卖取代方便面、互联网金融取代银行柜台交易、自动驾驶取代驾校一样，明天颠覆你的对手并不在今天的视野中，因为懂得利用新一代技术和商业的创新企业都在“黑暗森林”的边缘野蛮生长。21世纪下半叶，随身携带的混合现实眼镜、语音识别手表也许会取代智能手机，无处不在的共享充电桩可能会取代加油站、共享充电宝，城市地下交通网中自动驾驶卡车与物流传送管道可能取代数百万快递小哥。基业长青的企业家需要不断突破认知边界，追求跨行业边界，超越当下的前沿战略视野。先人一步看到产业“终局”，才能亲手创造未来。

（2）“低速”焦虑牛：不要开着汽车追火箭。横扫人类围棋手的AlphaGo诞生在DeepMind公司，而此公司诞生在英国，据《经济学人》2018年1月刊《21世纪的资本》分析，英国高达三分之一的公司从2000年起的17年中保持了零增长。2016年，中国500强企业营业收入总额已经开始负增长，较多实体企业面临中低速增长的发展挑战。2017年4月，麻省理工学院斯隆管理学院数字商务中心研究员迈克尔·施拉格在《哈佛商业评论》上发表的《AI改变80/20效率法则》明确指出，当前全球发达经济体中，“前沿公司”与“落伍企业”之间的差距持续增大，马太效应甚至打破了“二八定律”，形成强者超强的超级帕累托定律。例如《财富》独角兽榜单中的企业都是“指数型组织”，滴滴、蚂蚁金服、小米、大疆、今日头条以超过行业平均水平10倍以上的速度蓬勃生长。

（3）“科技”焦虑牛：科技是未来50年最高价值的企业无形资产，决定企业命运，转变企业基因，规避战略踏空。在最近100年中，科技不仅解决了全球大部分人口的吃饭问题、健康问题、安全问题，更让商业发生了天翻地覆的变化，以“平台模式”替代“企业模式”，以“无形资产”超越“有形资产”，以新科技重构产业链。微软市值中的1% 是公司的实物资产，而 99% 是工程师的代码、专业知识等无形资产。以美国 FLAG（脸书、领英、亚马逊、谷歌）、中国 BATM（百度、阿里巴巴、腾讯、蚂蚁金服）为代表的互联网公司无形资产比例很高，每年在新兴科技研发上投入数十亿美元以保持领先优势，因为无形资产会创造出高利润率、生态溢出效应（利他、赋能、黏性）。而另一方面，实体产业中的大量企业正好相反：拥有大量的有形资产，对科技投资持“隔岸观火”的谨慎态度。客观原因是：实体产业的试错成本高于互联网行业；主观原因是：担心看不懂、学不会、用不好。由此可能走向泾渭分明的两个方向：一种认为科技是万能的“孙悟空”，能解决所有难题，另一种则持反科技的保守态度。但普遍相同的一点是担忧竞争对手率先使用新科技进行“降维打击”。

2015 年的“互联网 +”、2016 年的“双创”、2017 年的“数字经济”，都是中国实体经济迁移上云，采用大数据、物联网、人工智能等“云工具箱”创新商业模式、重构产业链的多次探索。数字经济与实体经济的融合，迎来了智能制造、共享经济、平台模式、新型智慧城市等新一代智能产业。

第四次计算革命到来

纵观 2000 年的人类历史，计算与商业始终是一对互相促进的孪生兄弟，创造出许许多多崭新的商业模式与生活服务。今天，云计算掀起了第四次计算革命。与此同时，全球产业升级正在如火如荼地展开，各行各业的中国企业纷纷上云，实现商业模式、技术模式、组织模式的互联网转型。中资企业全球化、中国创业者出海的机遇窗口伴随这次计算革命已经到来，云计算正在孵化以智能产业为核心的数字经济体。

第一次计算革命发生在1000多年前的中国北宋。由于商铺记账需求，算盘应运而生，属于“手动计算工具”，人类第一次采用工具加快了计算速度。账本和算盘的结合将计算工具与商业金融紧密联系起来，中国迎来了历史上经济最繁荣的时期之一，北宋经济体占据全球GDP的22%。

17世纪的欧洲孕育出第二次计算革命，德国数学家莱布尼茨为了解决大量人口统计的需求，于1673年发明出第一台手摇机械计算器，可视为“半自动计算工具”，并率先提出“人口数量决定国家经济”的产业理论，以人口数据推动了德国建国。这一次计算速度的提升，对18、19世纪的欧洲工业革命、大航海殖民影响深远。

此后计算工具的发展速度逐渐加快。第三次计算革命始于1946年，美国宾夕法尼亚大学的莫克利、艾克特两位科学家研制出全球第一台电子计算机“ENIAC”，立刻投入到“二战”的弹道计算中，并用来测试氢弹模型。ENIAC将计算速度呈几何倍数地提升到每秒运算5000次，是“自动化计算工具”的代表作。同一时代另一个伟大的发明“数据库”，能够将小规模数据长期储存、离线快速分析。“计算机+数据库”科技范式为大规模普及电力革命和信息革命提供了必不可少的技术基础。

21世纪初，由于摩尔定律逐渐失去魔力，计算机难以凭借高成本、有限计算力、离线计算速度满足互联网上疯长的电子商务需求。2007年前后，美国谷歌、亚马逊和中国阿里巴巴三家互联网企业几乎同时开始研发具有前瞻性、通用性、分布性的云计算基础技术。大规模、网络化、高度自动化的新一代计算平台横空出世，手机、可穿戴设备、虚拟现实眼镜、智能家电、自动驾驶汽车、智能工厂、机器人等所有轻量级的智能终端，只要通过物联网接入云计算服务，立刻能够获得全球海量的计算能力。云计算掀起了第四次计算革命。

截至目前，第四次计算革命仍在快速演进，云计算处理后的大数据正在从分布式数据库向以区块链为代表的新一代存储结构转移。“云计算＋区块链”作为领先的“网络化计算工具＋网络化存储工具”，由互联网公司率先创造了新一代商业模式——平台，并且吸引所有传统产业向平台模式转型升级，包括苹果、谷歌、微软、脸书、亚马逊和阿里巴巴、腾讯在内的全球市值最高的7家公司（总市值4.3万亿美元），均是由云计算技术支撑的智能商业平台模式。

云计算孕育的智能产业

聪者听于无声，明者见于未形。第四次计算革命正在促进越来越多不同行业的创新型企业走向平台模式2.0[①]，数百万中国企业利用云技

① 平台模式1.0仅有网络协同，2.0则有数据智能。

术群颠覆传统商业模式，争取“高维竞争”优势。根据湖畔大学教务长曾鸣教授的《智能商业二十讲》，我们深入分析阿里云生态圈中创新型企业转型成功的范例，研究出走向下一代智能商业的三维路径：数据技术、网络协同和精准商业。

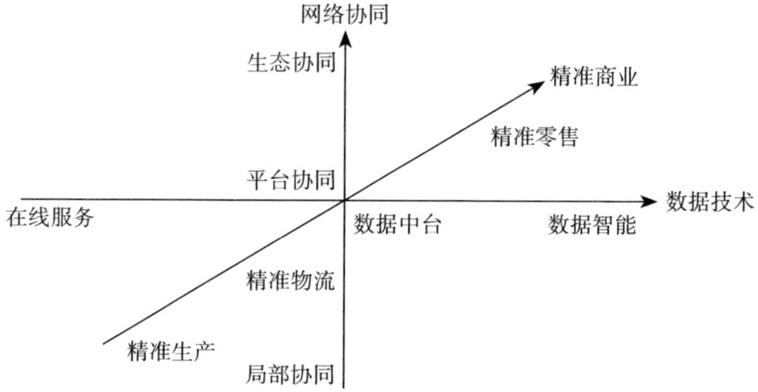

图 1–1　智能平台转型

资料来源：阿里云研究中心。

数据技术（Data Technology，简称 DT）重构中低效产业链，分为三个阶段。

1.“数据技术”赋能产业链重构

第一阶段：在线服务实现去中介化，产业链精简与弹性服务。传统行业经过分工细化，产业链逐渐变长，交易成本不断上升，各环节效率参差不齐。因此，波司登、吉利、比亚迪、茅台等企业通过上云构建在线营销平台，直接面对中国 7 亿网民销售新产品，跨过产业链多个中间环节收集终端消费者数据，大幅降低交易成本。同时，这些企业在云上形成数据闭环，汇聚运营品牌粉丝群体，低成本获取大量潜在客户，加速产品优化迭代。

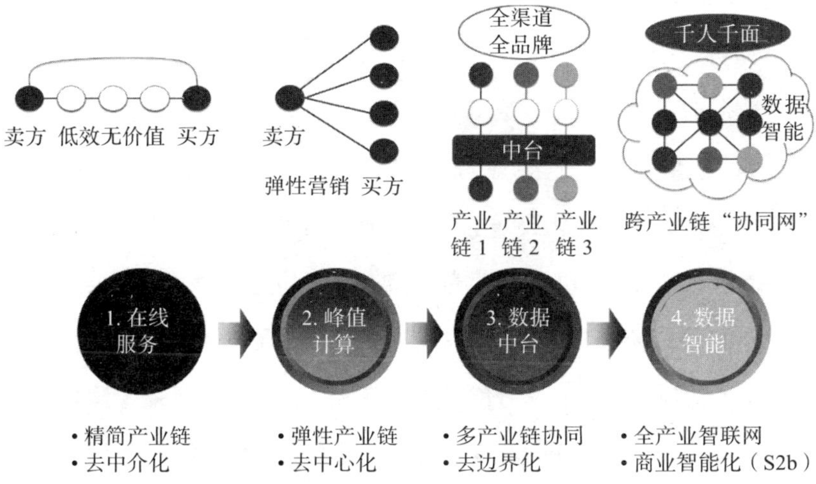

图 1–2 产业链重构

图片来源：阿里云研究中心。

此外，线上渠道大促、秒杀、直播、抽奖、导购等独特场景，为整条产业链带来贯穿营销、交易、支付、物流、售后各个环节的业务量洪峰挑战。全球最大的购物狂欢节天猫“双 11”带来的快递量瞬间飙升，促使中国邮政借助云计算弹性支撑当日 5000 万件的包裹洪峰，是平日负载的 8 倍，每日数十亿次数据操作，上云既有效保障突发性快递业务峰值，又避免平日大规模服务器闲置的投入产出问题。而在全球最大规模人口迁徙“春运”中，12306 订票网站处于最繁忙的旺季，日均页面浏览量超过 400 亿次，中国铁路总公司依托公共云的弹性计算能力，将占到系统访问量 85% 的余票查询业务上云，让数亿中国人彻底告别雪夜排队买票、网站访问拥堵的窘况，通过手机、电脑即可顺畅购买，安心回家过年。

第二阶段：多产业链协同，实现“去边界化”。当一家企业的不同子品牌、子公司业务上网上云后，会形成多行业、多渠道的客户群、数据湖和服务链条。这就需要企业改变原有组织架构，打通众多数据孤岛，在云上快速实现互联网级的企业架构，以共享服务中心构筑应用中台，以一体化数据生产线形成集团级数据中台，利用线上线下多品牌渠道收集到的多维度数据定制统一用户画像，贯穿全生命周期的所有服务场景。这样，消费者在衣食住行场景中就能够享受到统一标准的优质服务体验，避免了“服务鸿沟”。中信集团基于阿里云研发“中信产业云网”平台，逐步构建起横跨金融、文化、餐饮、制造等 56 个行业子公司的数据中台，为每一位外部客户提供一体化的服务体验，并将 13 万中信人连接在移动社交平台上，通过业务在线、职能在线、决策在线实现“平台 + 应用”的大协同战略。现在中信重工、中信证券、中信书店等子公司可以在集团云上利用物联网、人工智能、大数据等新技术快速创新业务，拓展新服务边界。

第三阶段：构建全产业协同网，实现智能商业。当企业拥有全渠道营销、数据中台之后，会针对回流的宝贵商业数据进行深度分析，采用智能算法实时发现潜在客户、需求变化、生产问题、服务短板，最大化数据资源的商业价值。例如，协鑫光伏与阿里云联手研发光伏切片产业的“工业大脑”，发现关键成功参数，持续提升良品率，良品率提升 1%，意味着每年节省上亿成本。

另外，杭州交警采用阿里云 ET“城市大脑”，实时分析全市上千条道路摄像头的视频数据，靶向治理拥堵路段，辅助交警调优红绿灯算法，实现全局效率最优，并自动监控违章停车等行为。试点实施后，部分长期拥堵路段车流量净增 11%，区域通行时间减少 15.3%，萧山 120 救护车到达现场时间大幅缩短 50%。“城市大脑”在云端将数据智能与网络协同优势全面融合。

2.“网络协同”催生平台经济

网络协同是平台经济的重要特征。根据梅特卡夫定律，网络价值以节点数量的平方的速度增长，一个好的商业平台能够形成网络协同效应，内生用户加速增长。按照菜鸟智行院院长陈威如教授的《平台转型》中的定义来看，平台上的物种（角色）就是“边”，“跨边协同”通常在不同物种间发生。卖家（或服务商）越多，海量多样化的商品吸引来的买家就越多，而买家越多则市场越大，就会吸引更多卖家（或服务商）进入。淘宝、滴滴出行和 ofo 等都是因为“跨边协同”而构筑起平台经济。

“单边协同”则发生在同一物种间，例如淘宝上卖家 KOL（意见领袖）与粉丝买家产生吸引力，“淘工厂”服务的众多小型工厂之间共享产能、协同合作、共同接单、柔性生产，支付宝用户之间、钉钉企业用户的负责人与员工之间都具有很强的单边协同性，否则无法进行转账、讨论交流。

网络协同分为三个阶段。首先，实体商业模式因未接入网络，通常具有范围小、周期长、信息不对称的产业链协同，例如传统零售业中“牛鞭效应”会引发生产浪费、库存问题。其次，云上的平台模式天然具备“跨边协同”基因，在线数据传输快，信息透明度高，例如“卖家—买家”、“共享单车—骑车人”的互相促进关系。最后，当平台进化到生态阶段，则同时具有“跨边协同”和“单边协同”的效应，例如淘宝生态圈孕育出同类兴趣喜好的买家、设计师、网红、供应商社群。平台模式、在线生态圈不是互联网企业的专利，而是整个传统产业的商业红利，当企业上云后，或成为高频、海量、刚需的平台，或成为平台上的“物种”，云上产业升级的价值空间极大，网络协同性会创造出每个行业的BAT。

3.“精准商业”奠定智能基础

数据智能为企业用户、消费用户提供互联网时代的精准商业。以精准广告、精准零售、精准生产、精准运输、精准服务为目标，精准商业通过云上大数据的快速流动打穿了消费互联网与产业互联网，避免资源的低效流转与浪费。以零售行业为例，针对某一位用户，可以在众多商业场景中利用智能设备与传感器采集其线下行为数据，并与线上消费数据比对融合。“消费者画像”、“供应商画像”随交易增长愈加精准，平台随时掌握细分客群的喜好变化，算法实时个性化推荐新款商品，快速返单，小批量定制，反向设计新品，调整品牌定位，形成 C2B（Consumer to Business，客对商）、S2b（Supplier to business，供应商到小型企业）的精准产销，实现库存最小化、生产柔性化、广告精准化。

商业云战略，争夺智能平台红利

云战略分为网络化转型、平台化转型、智能化转型与生态化转型四个阶段，前两步利用云计算、移动互联网、大数据、社交媒体实现了网络化和平台化转型，后两步则利用人工智能、物联网、区块链、新 SaaS（Software as a Service，软件即服务）实现智能化、生态化创新。精准商业是建立在数据技术、网络协同基础上的，这就构成了企业云战略的二维矩阵。需要指出的是，这四个云战略象限并无优劣排序，企业需要根据自身行业市场变化，选择最适合的智能商业转型目标。

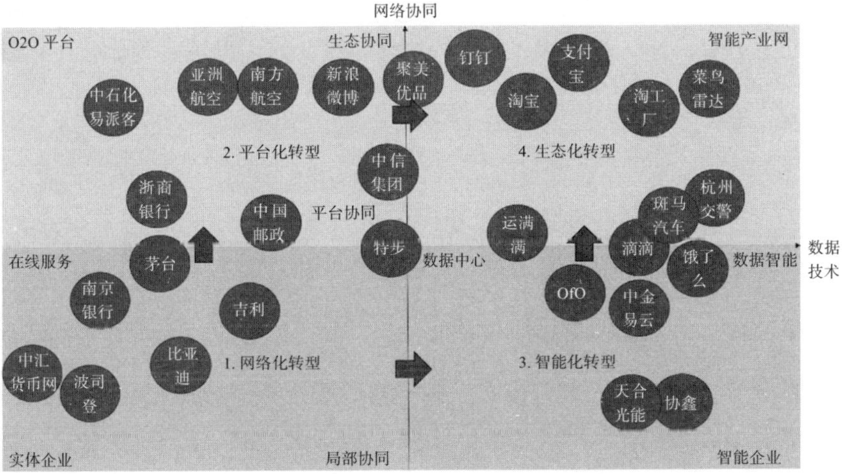

图 1–3　云战略矩阵，2016—2018 年领先企业分布图

图片来源：《智能产业，云上转型：2017 年度云栖奖产业战略研究报告》，阿里云研究中心。

1. “云迁移”商业模式（Cloud - Immigrant Business）

传统大中型企业的“互联网 +”业务转型，第一步应是迁移上云，从而逐步获得物联网、大数据、区块链、人工智能等数据技术与网络协同能力。传统企业上云有两种转型路径：一是业务渠道先与互联网结合，在云上开展在线营销、在线服务，实现数字化转型。成功案例如波司登、比亚迪、吉利的线上电商销售，中汇货币网的在线数据服务。开展线上线下全渠道营销，实现网络化转型的，以靠近消费端的传统企业为主，或由于产业链上游互联网化，以云计算承载峰值计算，例如特步、中国邮政、亚航、南航等。二是生产线与数据技术结合，利用迁移上云，获得数据智能能力，走上产业价值创新之路，成功案例如协鑫光伏、天合光能、固德威采用云上“工业大脑”，数据建模，用算法提升良品率、A 品率，实现智能化转型。这一办法多为靠近生产端的传统企业所用。

2. “云原生”商业模式（Cloud - Native Business）

小型双创企业、互联网企业从成立早期就在云上，较早具有网络协同性平台模式，需要使用数据智能、区块链等云技术工具箱持续创新业务，实现从“平台模式”到“智能平台”的智能化转型。电商、互联网金融、社交、游戏、直播都具有很强的网络协同性，用户与用户之间、用户与服务商之间会产生正向飞轮效应，强者愈强，例如聚美优品、新浪微博、斑马汽车、淘工厂、ofo、饿了么。网络多边平台、数据飞轮、智能商业是云原生企业的进化路径，小微企业则会成为生态圈中的一个小平台或新物种。

从最近三年“诸神之战”阿里巴巴全球创业者大赛的数百个创业团队样本分析，巨大的产业需求吸引大量中国云上创客从商业创新的消费互联网快速切入科技创新的产业互联网，后者拥有更大的商业价值。例如，创业公司运满满在云上研发的车货匹配平台日交易额 15 亿元，汇聚全国 95% 的货运信息、80% 的重卡司机，2016 年交付了高达 4500 亿元的交易货物，晋级独角兽。目前在医药健康、汽车运输、能源化工、房产建筑、农业种植等市场中，大型传统领军企业与云计算公司跨界合作，在云上正在重构新兴产业链。例如，中石化采用阿里云和天猫中间件架构，打造工业品电商“易派客”平台，汇聚 3.5 万家优质供应商、11 万工业企业，两年累计交易额达 902 亿元，如今正沿“一带一路”出海，拓展全球工业贸易、供应链金融业务；协鑫光伏、天合光能、固德威正在阿里云上重塑整个光伏产业链，工业专家与数据科学家正在云上携手研发“工业大脑”，大幅提升良品率、降低能源能耗、预测生产线故障。例如协鑫光伏的生产良品率每提升 1 个百分点，每年能节省上亿元的生产成本，成为首个“中国智造 1%”的灯塔型范本。现在 ET 工业大脑正在为能源、化工、环保、汽车、轻工业、重工业等各领域制造企业赋能，以机器智能“换道超车”，领先美国、德国。

云计算让数据更透明，让产业链每个环节实现实时同步，产业互联网与消费互联网的边界正在消失，每一家传统企业和互联网企业都在加速进化为云上智能商业体。

技术云战略，从“云IT”到“云DT”

当前，企业正面临来自跨行业、跨规模、跨维度的720度全方位竞争，智能商业是超越所有颠覆者的创新神器。若想决胜未来，必先颠覆自己。企业应认真考虑支撑起智能商业的云转型战略，尤其需要注意这三个重要发展阶段：

（1）“云IT”创建期：如水、电、煤一样，云即新商业基础设施，在企业内部用云计算替换传统IT资源。价格永远是同质化竞争的撒手锏，像没有线下机构的互联网金融公司一样，尝试以对手十分之一，甚至更低的成本提供更优质的服务，会让新商业物种脱颖而出。云计算对在线营销、业务峰值等场景的全程保障，会帮助企业应对千变万化的市场，创造出新的获客场景与客户需求，以蚂蚁金服、众安保险、浙商银行为代表的许多创新型中国企业在2012—2015年云端升维，重塑产业规则，在原有基本饱和的国内市场环境中挖掘出可观的新商业价值。

（2）“云DT”运营期：在原有产业链范围内利用“云DT”技术运营数据中台。以云上企业级互联网架构为设计思路，形成跨事业部、跨品牌、跨企业的共享服务中心，即企业的数据应用中台。遵循“一切业务数据化”的原则，寻找、汇聚具有潜在价值的在线数据资源，持续运营数据中台，在线发现问题并灵活重构业务流程，实时发现用户需求，创新服务内容。以中信集团、特步、茅台、杭州政府为代表的多元化集团、多品牌企业、多职能政府、智慧城市、多产业园区在2016—2018年率先以应用中台部分取代原有ERP（Enterprise Resource

Planning，企业资源计划）等固化平台，在云上构建起实时更新的数据中台，开始实践数据商业化。

（3）“云DI”创新期：在多个产业范围内利用“云DI”数据智能技术开发智能商业，由多个智能产业平台组成跨行业的数字经济体。以云上数据中台为基础，遵循“一切数据商业化”原则挖掘数据价值，高度自动化地组织不同产业链的优质资源，形成新的商业模式、产品和服务。同时，优化算法，持续降低交易成本，提升业务边际收益，支付海量数据的存储成本。以蚂蚁金服、今日头条、饿了么、滴滴出行为代表的少数云原生企业正在智能商业的路上越走越快，越走越远。

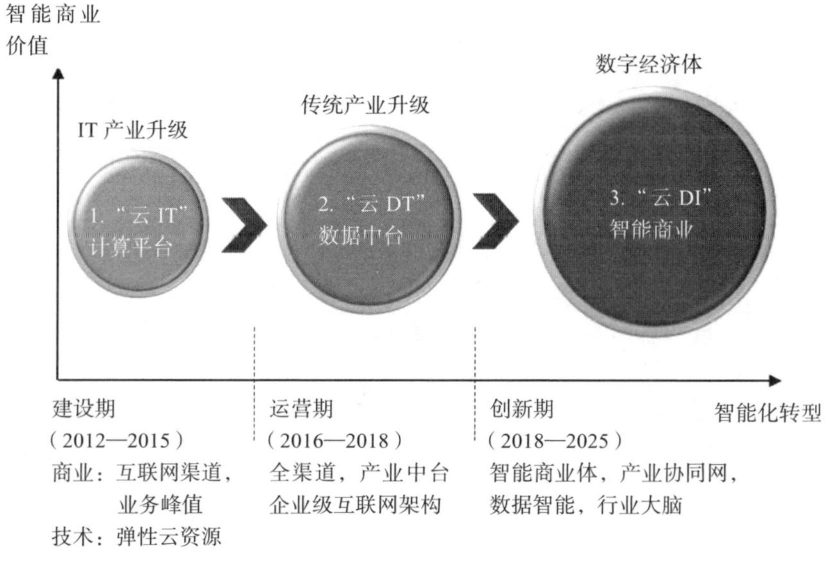

图 1-4　云转型“三步走”技术战略

图片来源：阿里云研究中心。

伴随数据智能成本下降、技术使用难度降低、专家人才逐渐丰富，我们大胆预测在10~15年后，智能商业将成为每一家企业业务、个人生活的标配，以算力、数据、算法为基本原子组件构筑出的智能商业体，会为你动态推荐、交易、交付最适合你的美食、商品、住房、学校、伙伴等各种高价值资源。

与此同时，需要提醒的是，企业应该战略性地推进云架构、云组织和云商业的同步配套转型，不必追求一步到位，而应利用数据技术快速找出实际业务问题与根本原因，采用最恰当的云技术包加以解决。

组织云战略，美军战区指挥体系创新

“平台赋能协同，阵地指挥作战”是现代军事应对千变万化战局的法宝。“二战”之后，美国联合作战指挥体制经历了几十年的持续改革发展。他们打破了自上而下的集权模式，采取“三权分立”：总统与国防部一线负责行政管理、后勤保障链路，即“养兵”；参谋长联席会议和六大战区联合司令部的作战指挥链路负责“用兵”；军种部负责部队日常装备、建设管理。[①] 这种“战区主战、军种主建”的原则，在战场形势瞬息万变时，既能摆脱层层上报的决策效率瓶颈，又能以大规模后勤装备为特殊任务赋能，还能充分发挥一线战区指挥官灵活应变的阵地作战方案，可谓一举多得。1991年，基于联合作战指挥体系和全

① 《国家安全法案》(1947年),《国防部改组法》(1958年),《戈德华特–尼科尔斯法案》(1986年)。

局协同的武器供给，多国部队仅用42天即打赢了“海湾战争”。另一方面，美军特种作战司令部的建立则来自1980年解救伊朗人质危机事件“鹰爪行动”的失利。世界进入多元化文化时代后，他国协防、特种侦察、心理作战、民政事务、反恐行动、毒品战争等非常规战争，对美军作战团队提出了各种各样的特殊需求，无法以大规模标准军种应对，而各支海陆空特种部队虽然具有单兵作战能力强、灵活应对作战任务等优势，却缺少跨军种间实时协同、强火力支援，所以战区特种作战司令部遵循战区主战，联合司令部负责跨军种协同，航母、卫星等离岸远程火力支援、情报支援的职能分配模式，形成“自下而上指挥、自上而下赋能”的作战组织基础。美军这一组织形式现在已逐步走入商界，成为创新型企业的组织参考模式。

业务转型、技术转型、组织转型密不可分，组织是承载所有转型战略的关键基础，是智能产业成功落地的核心。

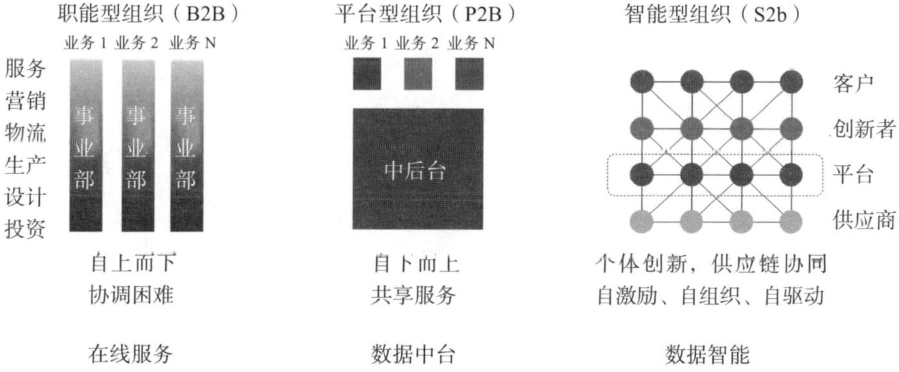

图1–5　不同的组织模式

图片来源：阿里云研究中心。

1. 职能型组织（Business to Business）

分工专业化，工作标准化。工业大生产时代，不论在全球哪一个分公司，标准化一直是最高的要求，每一个职能部门的“最佳实践”伴随全球化向世界各地普及，标准流程、合规、KPI（关键绩效指标）都是这个阶段涌现的成果，自上而下的“精英式治理”“精英式创新”成为主流，以SOP（标准执行规范）、KPI进行过程控制，工作制服的出现也是在努力消除人与人之间的个性，让全球员工像机器生产线一样无差异性工作，为工业世界、电力世界创造了巨大的物质财富。“团队+流程+KPI”范式在工业、能源、建筑等行业取得了很好的阶段性效果。

2. 平台型组织（Platform to Business）

“厚平台+小前端”创新，部门边界消失。互联网天然是去中心化的。最近五年，国内外消费市场沿个性化喜好分裂成成千上万的碎片化社群，人们按照“功能性购买”（物美价廉）、“标签性购买”（个性区分）、“体验性购买”（愉悦自我）实现消费升级。所有传统企业在云上向移动互联网驱动的全渠道营销、大数据驱动的个性化服务转型，负责建设在线服务渠道的团队，逐步打穿烟囱式的职能组织，即任何子品牌、任何产品线、任何供货渠道的商品都会统一通过在线商城售卖，直达消费者，以便收集消费者偏好，运营特定消费者社群。参考美军“特种部队+航母战斗群”的领先作战模式，将上千个创新团队小型化，这些“小前端”作战单元能够敏捷跟踪、捕捉、处理数以万计的消费者小众社群需求，以“变”应“变”。而大量通用服务职能沉淀在共享服务中台上，中后台越厚，提供的创新基础服务越丰富，成为前线快速创新作战方式依靠的重要后援战力。自下而上的需求分析、决策、创新、失败、再创新比拼的是速度，前线指挥炮火、快速试错、允许失败、优胜劣汰、数据决策成为常态，让互联网企业（阿里巴巴）、零售企业（特步）、家具家电制造企业（海尔）、航空企业（南航）、金融企业（中信集团）焕发出澎湃持久的业务创新生机，成为组织转型的“奇点”。

3. 智能型组织（Supplier to business）

“供应链 + 外部创客”网络协同，公司边界消失。共享服务中台从公司内部延伸至外部，大中台为企业外部创客团队提供跨产业的供应链整合、协调、赋能，“产业大中台 + 产业创客 + 算法匹配”范式会极大调动社会创新资源，将供应链连接成一张根据需求动态协同的网络，算法决策取代前端人工决策，自激励、自组织、自驱动的创新生态圈生长壮大。例如，淘工厂就是 S2b 模式的探索与尝试，一边连接国内大量 OEM、ODM、OBM[①] 等中小型工厂，进行“小散生产，快速返单”的流水线升级，另一边连接如涵、缇苏等网红孵化器，赋能有时尚洞察力、粉丝影响力的网红，帮助网红从时尚意见领袖转型为服装服饰产品经理，淘工厂则承担质检验厂、智能派单（5 分钟内）、中介保险等平台职能。在淘工厂生态圈中，以算法降低成本，以数据决

① OEM，即 original entrusted manufacture，意为“原始设备制造商”，俗称“代工”。ODM，即 original design manufacture，意为“原始设计商”。OBM，即 original brand manufacture，意为“原始品牌制造商”。——编者注

策新品，让网红汇聚社群。在 2017 年“双 11”，雪梨、张大奕、安娜每个人的单日销量都超过 3 亿元，甚至超过了飒拉（ZARA）、欧时力（ochirly）、摩安珂（Mo&Co）、太平鸟（PEACEBIRD）等时尚大牌，生态的力量远大于任何单体公司。

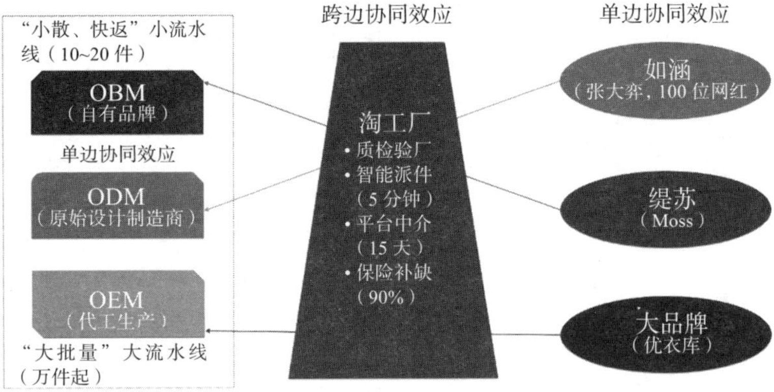

图 1–6　淘工厂的 S2b 模式

图片来源：阿里云研究中心。

第二章
网络化转型战略

未来，无论醒着还是睡着，你的每分每秒都是在线的。离线的数据难以产生最大化的经济价值，在线的可以。

——阿里巴巴集团前首席技术官，《在线》作者**王坚博士**

1962年，苏联在古巴部署导弹，只需13分钟飞行就能攻击华盛顿特区，美苏核战争一触即发。虽然半个月后经过混乱对峙与政治斡旋后，导弹从古巴撤出，但"古巴导弹危机"让美国白宫和军方认识到，必须解决军事指挥和管理信息的实时共享问题，于是国防部高级计划局诞生了计算机网络研发项目，并逐步演进出互联网的前身"ARPANET"，其技术架构具有去中心化的特征，是为了避免核打击到来时，美军中枢指挥系统彻底陷于瘫痪。"二战"孕育出计算机，冷战孕育出互联网，而半个多世纪后，地球上最广泛采用互联网服务的人类却是商业机构和大众消费者。互联网成为普惠商业的核心因素，"在线"成为互联网时代数字化商业的敲门砖。

企业网络化转型的本质是"服务在线化"，大多数实体产业都会经历"三叠浪"，即线下企业、线上企业、智能企业三波革新浪潮。当三者叠加在一起时，往往是预先战略卡位的创新型企业遥遥领先，并且引领改变所在行业的游戏规则。2003 年淘宝网上线，C2C 在线交易源源不断地产生支付数据、信用数据、消费行为数据，阿里巴巴内部提出"一切业务数据化"的在线服务原则。在这个时期，智能商业"三元素"处于萌芽期：

智能（Intelligence）：业务拥有数据入口，"数据飞轮"在线启动，人工检索、产品或服务被动触发，在线逐步产生"小数据"。

协同（Coopration）：通常服务上线后，在线业务各环节间有效协同，大流量的平台模式尚未形成。

精准（Accurate）：线上进销存比线下更精准、更及时、更高效，但线上与线下服务量相比较小，全局来看属于"粗精度"。

"在线服务模式"开拓 40 亿人全球大市场

"数字大航海时代"已经到来，全球市场已经发生天翻地覆的变化。这一代商战赢家属于数字经济"探险家"。

如果你的公司忽视数字化营销，将会丧失全球一半以上的市场空间。2017 年全球网民数量已经超过世界总人口的 50%，全球 76 亿人口中的三分之二拥有手机，① 普通网民每天清醒时间的三分之一（6 小时）用于在线消费、娱乐、服务。因为每个人每天的时间总量不变，互联网服务是消费者排名第一的"时间杀手"。

---

① 《"数字 2018"互联网研究报告》，互联网数据研究机构 We Are Social 和 Hootsuite，2018 年。

中国网民规模和网络零售居全球第一，数字经济规模居全球第二。[①] 市场规模不仅大，而且快速升级。首先，“目标市场”升级。工业标准品的“大众市场”转向互联网个性化的“分众市场”，市场中“长尾社群”层出不穷、日新月异。例如都市潮流男士消费群、银发老年人消费群、都市单身贵族消费群、绿色健康消费群、体验至上消费群、二次元消费群，都是潜力较大的细分市场领域。所以凭借一款产品、广告、渠道打天下的生产、设计、营销手段已然失效，亚文化切割市场，调性筛选推动品味消费、精准营销。至 2021 年，中国零售增

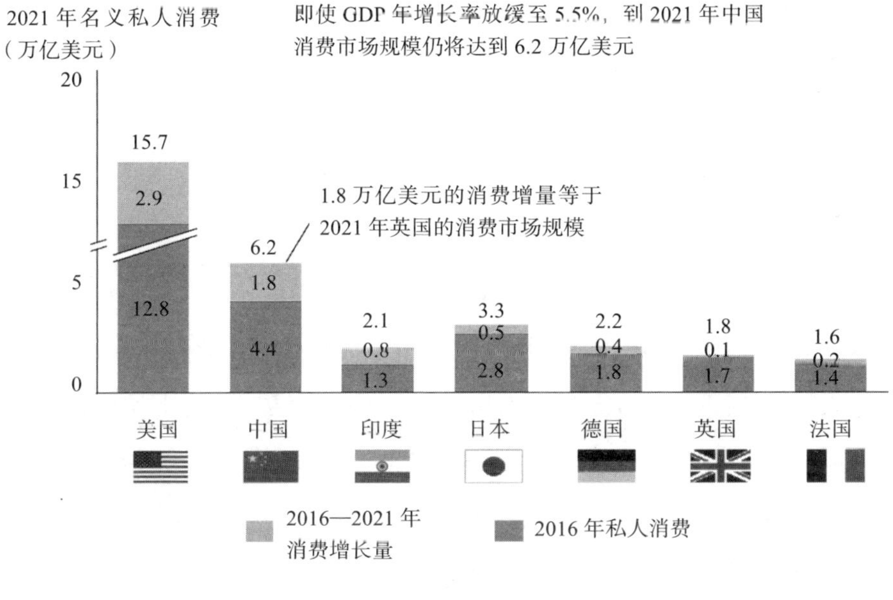

图 2-1 2016—2021 年世界主要经济体消费增长示意图

图片来源：经济学人智库。

---

① 《世界互联网发展报告 2017》和《中国互联网发展报告 2017》蓝皮书，乌镇第四届世界互联网大会发布，2017 年 12 月 4 日。

量市场相当于整个英国的体量（1.8 万亿美元）。同时会分享“云科技红利”改造 4.4 万亿美元的存量市场产业链。[①] 其次,“营销对象”升级。截至 2020 年，中国将出现一亿户“新中产与富裕家庭”，以 80 后、90 后为代表的主力消费者，追求高品质、少而精、调性鲜明的消费理念，贡献 69% 的全国新增消费额。最后，“产品定位”升级。利用数字化技术，品牌商与终端消费者在云上“见面”了，用户使用产品的数据分分秒秒都汇聚到云上服务平台，实时形成千人千面的用户画像，有利于品牌商进一步优化产品、开发增值服务。之前产品销售靠线下渠道，现在场景服务靠在线数据，大量上游生产企业都会借助互联网平台进入利润丰厚的下游服务生态圈“掘金”。

吉利汽车：秒杀千辆新车背后的数字化营销转型

时间是企业品牌最大的敌人，每一代用户的成长（80 后、90 后、00后）每时每刻都在改变市场需求,“代际革命”对汽车业提出新体验、新挑战与新机遇。2015 年 3 月 16 日上午 10 点，吉利博瑞礼宾限量版在天猫、苏宁、京东等电商平台正式发售，该款车既享有外交部正式外事礼宾用车的殊荣，又物美价廉（从 14.68 万元起售），以至数万忠实粉丝如潮汐般瞬间涌入在线渠道，第一分钟销售 266 辆，呈现出精彩的“开门红”，77 分钟后 1000 辆博瑞被抢购一空，平均每分钟卖出 13 辆。这种类似“双 11”的网络众筹、直播、秒杀销售速度远超传统

---

① 《中国消费新趋势》，阿里研究院 &BCG，2017 年 5 月。

汽车线下销售能力，在线峰值销售的新场景更是突破了传统 IT 系统的支撑能力上限。另一大好处是，吉利通过线上渠道接触到的数万新车粉丝群体正是线下营销所苦苦追寻的高价值、高意向潜在目标客户，吉利一举创造了中国汽车电商的新零售标杆。这种现象级营销背后则显示了吉利网络化转型战略的阶段性成果，由云计算、大数据等 DT 技术逐步升级取代传统 IT 基础设施。

吉利集团自 1997 年进入汽车领域开始，经历了业务初创阶段、战略转型阶段和业务全球化阶段。自 2010 年收购沃尔沃之后，吉利汽车不断创新，2016 年创出年销量增幅 50% 的佳绩。吉利集团对信息化建设一向十分重视，多年来投入数十亿元用于新科技应用，在公司发展的每一个阶段，信息化建设项目都是公司的战略级任务，从 IT 到 DT 的新技术能力逐渐成为互联网时代的企业核心竞争力。吉利的信息化历程与公司的业务发展历程相匹配，同样经历了三个主要阶段：

1.0 阶段：IT 标准化——信息系统的建立与规范化。早期，吉利刚进入汽车行业，业务形态不成熟，公司内部没有太多规则，信息化建设主要是打基础，部署系统时相对比较零散，信息使用上各自为政，亟待引入规范化、一体化管理体系，所以在 2002 年，吉利董事长李书福极富远见地提出让集团信息化与国际水平看齐，2004 年开始实施 ERP 系统等流程再造、全面信息化工程，为支撑汽车主营业务可持续发展搭建了良好的基础框架。

2.0 阶段：ERP 自动化——系统整合和业务流程自动化。中期，吉利业务发展很快，业务模式逐步成型，公司在 2007 年开始业务战略转型，信息化建设同步进入第二个阶段。基于 ERP 加深业务自动化，引入构建制造企业生产过程执行系统（MES）、产品生命周期管理（PLM）、经销商管理系统（DMS）、产品协同商务（CPC）、质量管理等专业化业务应用系统，快速提升业务管理能力、运营能力，研发、物流、制造、财务等专业化信息系统初步成长起来，并实现了一定程度的集成联动，助推业务流程自动化达到较高水平，为下一阶段的企业快速创新发展夯实了业务基础。

3.0 阶段：DT 数字化——全球在线协同，全集团数字化转型。伴随吉利汽车产品线日趋丰富，2010 年收购沃尔沃，整合国际产业链资源，企业对品牌、产品、市场、人员等资源的协同互联要求越来越高，而十几年历史遗留下来的众多系统、数据、架构复杂度越来越高，如何有效支撑全球业务组织的高效协同运作，支持产品创新研发，支持产品大规模制造和产品品质提升，支持市场快速响应，适应新一代数字化消费群体的新型营销体验，成为 IT 组织的新挑战和首要目标。信息化不再只是构建几个独立系统，而是利用全球领先、实时性高、经过实战检验的互联网技术（云计算、大数据、人工智能），把业务全局连成一体，贯通集团数据资源，激活组织创新活力，对市场变化敏捷反应。信息化必须在整个企业层面构建起高效协调的在线数字化运营体系，支持企业整个价值链条上全资源要素的整合效能。不必重新发明轮子，直接通过阿里云等企业引入互联网基因、互联网技术、互联网模式（车联网），成为信息化 3.0 时期数字化转型的关键战役。

对于 IT 部门，在新业务线的诞生过程中，往往蕴含大量新战略机遇、新技术红利，例如在线获取第一手用户数据，帮助 IT 部门洞察市场需求，引领业务方向。2016 年 10 月，吉利与沃尔沃合作，基于“全新模块化基础架构车型平台”推出了全新汽车品牌 LYNK&CO。新品系列车型以全面创新的经营智慧融入互联网基因，不拘泥于传统的线下分销模式，以 O2O、直播、众筹、秒杀为 90 后的年轻消费者打造全新的商业模式和用车体验。通过引入该新车型平台，吉利 IT 部门发现并抓住了新机会，利用云计算工具箱实现网络化转型战略，开始建设“吉利全新营销系统平台”：通过中间渠道数字化、最终用户在线化、基础设施云化，直接获取消费者动态数据，全方位运营汽车消费者生态社群，在线实现企业与市场渠道、客户群体的实时互动，不仅把新产品、新服务在最恰当的时间、地点个性化营销给目标消费者，同时把每位用户的新需求、新想法、新偏好实时传递到集团内部对应的业务组织，实现更贴近市场、更精准、更快速的产品开发、制造和销售；利用“C2B 数据闭环”反向驱动业务，从今时今日的用户需求出发，转变传统销售、服务、产品使用等固定模式。从工业时代的“以产品为中心”，转变为互联网时代的“以用户为中心”，消费者、经销商、供应链、工厂组成的数据链条每时每刻都在“需求飞轮”中重新定义产品与服务，并源源不断地触发业务管理、运营的深刻革新。在零售、交通、运输、社交等跨行业发生的“LBS+O2O”社群模式、共享出行平台等新兴“Prosumer”（Producer + Consumer，生产消费者）网状产消关系、VR/AR（虚拟现实 / 增强现实）交互模式正在汽车业逐步实现。

数字化战略转型，组织意识是“自变量”，跨界人才是“因变量”。云战略新技术群正在赋予实体产业全新的高维度竞争优势，但这个技术赋能过程可能不会一帆风顺，“实体企业 + 互联网企业”的“跨界重混”模式是一条创新捷径，重新发明轮子往往会导致竞争对手换道超车、遥遥领先。数字化战略转型是由意识转型、组织转型、技术转型、商业转型多个齿轮联动组成，任何一环跟不上都会导致战略落地的瓶颈与滞后。其中，企业所有管理者与员工的意识是最关键的，都需要经历从传统产业思维向数字战略思维的观念转变过程，企业需要管理整个业务转型过程中的各种观念冲突和风险，以管理层坚定不移的决心与执行层开放创新的心态实现平稳过渡。对IT组织而言，挑战与机遇同样明显，面临组织知识技能的更新换代，创新型人才的短缺与吸引，新型工作模式的转变升级等问题。例如，吉利在系统开发和项目实施中，计划采用互联网公司常见的敏捷式产品开发与项目管理体系，但在方法论的理解使用、外部资源获取和管理、具体实施环节等方面都碰到许多自身难以解决的现实困难。

每一家计划网络化转型的企业在起步期新型战略资源都十分有限，尤其是既懂云工具箱又具有本产业经验的复合型技术人才资源非常紧缺，人才市场面临“僧多粥少”的局面。吉利采取的创新方法就是与互联网领军企业合作，既充分利用阿里巴巴成熟先进的技术、人才和平台资源，又与阿里巴巴交流、学习互联网思维与汽车产业如何融合创新。在转型期，双方资源优势互补、项目共创、单点速赢、以战养战，将不断壮大的年轻消费者群体期盼的全新交通出行模式加速转变为现实产品。

网络化转型的核心是全业务流程在线。吉利汽车依托阿里云，利用创新技术研发出新一代“互联营销服务平台”，全面覆盖汽车主机厂销售、售后及客户关系管理（CRM）三大业务板块。传统主机厂方案一般基于经销商管理系统和客户关系管理两大基础软件进行定制开发。

这类方案在快速变化的互联网时代已经失去优势，面对早已习惯了移动互联网服务的90后年轻消费者，传统架构系统导致的用户体验差、数据不及时、功能迭代更新慢等问题尤为突出。新型营销系统中从接触、选车、试驾、买车、售后服务等全客户生命周期都要实现业务在线化，摒弃纸件表格等非实时的手动业务流程，并与吉利集团现有业务系统、生产系统的全局数据实时融通。

上云是网络化转型战略的第一步。为了更好地支持新品牌车型的业务需求，吉利汽车信息化负责人面临两种完全不同的技术路线：使用汽车行业已有的标准技术解决方案让系统快速上线，或基于云计算等互联网领先技术从零开始创新。

表 2–1 云计算方案与传统 IT 方案之比较

因素	云计算方案	传统 IT 方案
1. 新业务功能	定制开发 + 业务创新	大部分满足 + 定制开发
2. 技术成熟度	成熟技术 + 创新技术	传统业务模式 + 传统专业化平台方案
3. 全生命周期成本（TCO）	分期投资，随需而变	一次性授权成本巨大
4. 运维难度	只需承担应用运维	需要承担机房、网络、硬件和应用的综合运维
5. 系统弹性	根据业务需求快速扩容、快速缩减	漫长的采购、部署流程

经过多轮整体方案对比分析，吉利选择与阿里云、数梦工场共同完成了“新互联营销服务平台”的架构设计与落地实施，采用阿里巴巴企业级互联网架构作为技术中台，使用阿里公共云作为整个业务新

基础设施，通过 Aliware“三驾马车”[①]，将业务系统“微服务化”，不仅彻底解决了传统烟囱式建设模式带来的数据孤岛和系统资源浪费问题，也为整体业务的灵活创新和快速发展提供了强有力的保障。在阿里公共云上，互联营销服务平台实现了覆盖网络安全、主机安全、应用安全、数据安全和移动安全的全方位安全体系保障，并利用阿里云多可用区能力，针对容灾备份场景设计出高可用应用架构。

快速取得业务价值是转型项目获得集团持续投入的生存之本。强大的新技术是“屠龙刀”，而高价值的业务场景才是“龙”，“新技术 + 新业务”是缺一不可的孪生战略。吉利控股集团 CIO（首席信息官）丁国祥认为企业战略重点在于业务创新和平台运营，互联网基础设施和通用组件的建设应交给专业的外部云服务团队，不必耗时漫长、花费巨资去“重新发明轮子”，因此选择云计算策略构建新业务平台，经过实践摸索出以下转型路径。

（1）价值链垂直整合：将消费者、供应链、经销商、服务店等全价值链的业务进行整合，除生产外的所有业务流程及信息处理都通过云上系统来实现。

（2）业务在线化：传统汽车业务中的线下流程，如各种信息收集表、反馈表、维修单等全部实现“线上化”与“电子化”，通过互联营销服务平台统一生成、实时记录，保障业务数据的高质量和时效性。

（3）数据平台化：整个互联营销服务平台与用户触点很多，包括客户与 4S 店员工手中的移动端 App、电子商城、品牌微社群等，从这

---

① 阿里中间件包括 EDAS（企业级分布式应用服务）、DRDS（分布式关系型数据库）、MQ（消息队列），俗称“三驾马车”。

些触点渠道输入的各类数据进入统一数据平台汇总，作为企业数据资产、高效策略分析的重要基础。对标阿里巴巴“One Data”战略（阿里集团200多家子公司都存取、维护、使用一套一体化数据中台），吉利新系统秉承“One Database”理念，不同业务应用都使用统一数据模型，避免烟囱式应用带来的数据孤岛互联互通难的传统架构问题。

（4）数据业务化：通过数据持续积累和系统长期运营，动态增长的业务数据资源不仅直接帮助吉利集团进行销售漏斗分析、业务洞察，还能够服务于集团新产品研发、车联网业务等新兴业务。

吉利汽车通过阿里公共云重构互联营销服务平台，核心价值体现在以下两个方面：

（1）加速业务创新。省去了采购硬件基础设施的冗长流程，缩短项目上线过程，加速企业业务创新速度。以前采用传统IT架构支撑在线直播和促销活动时，高并发流量会把系统压垮。互联营销服务平台基于阿里云海量计算资源支撑在线直播与秒杀促销等O2O业务场景，既享受云服务带来的成本优势，又能够快速响应市场的旺盛需求。灵活运用阿里云平台的负载均衡、分布式应用、分布式数据库，支撑高并发业务请求和大容量业务数据存储，通过完善成熟的云服务为不同地区的用户提供更流畅的业务访问体验。这一新型企业架构因此被引入吉利现有业务系统，成功支撑了吉利30周年庆典直播和2017年蓝色商城博越预售大促活动，市场反响良好。

（2）线上线下互联互通。全渠道电子商务平台、官网、微社区和会员俱乐部等与海量消费者群体保持着紧密的实时连接与在线互动，每一辆新品牌汽车上都标配车联网功能，因此互联营销服务平台每一天都面对互联网上高并发访问与大数据量存储处理的新挑战，采用阿里云企业级互联网架构，才能获得弹性计算能力与规模资源优势。

新互联营销服务平台作为国内汽车主机厂营销系统的首次成功上云实践，是中国汽车厂商实现互联网转型的创新代表之一，说明创新型车企对阿里公共云的信任与依赖程度大幅提升。丁国祥一语中的："互联网对企业赋能越来越明显，不能因为传统的IT观念形成公司发展瓶颈。云计算、大数据等新技术给企业创新发展带来了很多机会，科技创新推动汽车企业业务转型。吉利汽车与阿里云在各自的行业都具有十分鲜明的资源优势，与阿里巴巴合作的核心是资源共享、优势互补，共同在汽车行业构建基于互联网的新业务模式、新汽车技术。"

为了抓住新品牌投放市场的契机，丁国祥正在带领团队构筑云基础平台，重构应用中台，创新O2O出行服务。正如吉利董事长李书福所说："什么叫创新，就是人家都反对你而你还坚持去做。如果你和大家的观点一致，这叫创新吗？"吉利以品牌创新、服务创新、技术创新等探索新业务和新平台模式，携手阿里云和数梦工场，通过互联网"新零售""新制造"技术，"让中国的汽车走向全世界，而不是让全世界的汽车跑遍全中国"（李书福语）。

茅台云商：正品美酒在线畅销80亿元

中国酒业第一驰名品牌茅台酒，产自中国西南贵州省仁怀市茅台镇，目前品牌估值达到2000多亿元。早在公元前135年，司马迁《史记》中就有相关记载，距今已有2000多年的历史。历经千年的酿酒工艺改良，茅台酒已成为香飘世界的中国文化名片，同英国苏格兰威士忌和法国科涅克白兰地并称为“世界三大名酒”。2017 年，贵州茅台股票市值稳步提升，突破 8000 亿元，超越全球烈酒市值老牌冠军帝亚吉欧，成为全球市值最高的烈酒企业。

全球迈入数字经济时代，茅台加速创新。茅台集团时任董事长袁仁国在 2015 年贵阳国际大数据产业博览会上旗帜鲜明地提出：“‘互联网 +’时代，白酒行业需要顺势而为。在‘互联网 +’战略下的数据，既是传统行业急需的资产，又是新技术的基础。白酒行业要想长远发展，必须主动融入大数据时代，勇于改革创新，才能争做互联网时代的强者。”

消费者眼中不愁卖、不差钱的茅台为何迫切寻求转型？茅台电商技术总监高文立解释说：“随着互联网给传统行业以及实体店带来的冲击、白酒消费群体结构的转型以及新兴技术的不断涌现，茅台集团一直都有很强的危机感，有几件大事坚定了茅台转型的决心。”

首先是渠道变化。2010 年，电商潮袭来，酒企开始涉足网上销售，茅台开始思考如何应对互联网的冲击。

其次是需求变化。2012 年年底，中央政治局会议审议通过了“八项规定”，其中“三公消费”被明令禁止。当年一线名酒需求骤降，销量惨淡，茅台首当其冲。

最后是竞品变化。以“江小白”为代表的白酒行业“新贵”，借助创新性的互联网文案营销方式、二次元的漫画形象，迅速网罗了大批 80 后、90 后年轻消费者，给茅台带来了不小的触动。

茅台以“渠道电商化”试水网络化转型。2003 年，茅台开始做

B2B 电商业务，帮助优质经销商在线进行区域化渠道代理分销，实现传统分销供货模式的网络化转型。2010 年，茅台自建 B2C 电商平台，“茅台网上商城”项目上线。2014 年，茅台集团整合旗下电商资源，成立了“贵州茅台集团电子商务股份有限公司”，官方自营销售，包括开设茅台商城、天猫旗舰店，结合京东、国美、苏宁、网易等 18 家电商平台，让业务直达C端消费者。高文立表示,8年的茅台“电商之路”谈不上成功，而是对电商模式的持续创新探索，例如 B2C 电商模式并不适合茅台的基因，难以实现真正的白酒产业升级。

茅台构建“数据中台”转型新零售。集团公司开始思考全新的一体化数字营销模式，把 B2B、B2C、O2O 诸多平台整合成一个协同联动的生态体系，尝试用新零售平台赋能合作伙伴。2015 年，集团管理层制定出茅台云商的平台模式发展战略，通过构筑“大数据调度中心平台”，上游融合集团和所有子公司资源，中游协同物流公司、经销商、专卖店、社会化营销员，下游面向最终消费者。

第一阶段：茅台云商 1.0，做赋能经销商的 O2O 交易撮合平台

茅台云商平台的宗旨是实现茅台营销模式的转型升级，是赋能合作伙伴，而不是去中间化。通过建立线上的经销商管理体系，用互联网、移动互联网的数字化能力帮助每一家经销商拓展渠道，实现 O2O，提升消费者体验，让茅台业务和文化影响力辐射到更广阔的区域市场。

2017 年 8 月 14 日，茅台营销公司下发《关于全面启用茅台云商平台的通知》，明确在 12 月 31 日前，凡在云商平台上交易量超过茅台酒合同量 30% 以上的云商网点，公司将根据实际情况予以奖励。短短

4 个月内，2000 余家经销商落户云商平台，在线服务全国消费者。截至 2017 年 12 月，茅台云商平台线上销售额突破 80 亿元，占总销售收入的 30%，超额完成业务转型目标。

基础设施升级：传统 IT 力不从心，公共云临危受命。以前茅台营销业务是自建机房，硬件投入大、建设周期长、运维复杂度高，本地数据中心的 IT 安全很难抵御黑客高手的全方位攻击。而且，茅台位于中国西南部地区，难以吸引国内外高端科技人才，创新战略求贤若渴。同时，伴随线上交易量爆发，原有网络带宽、稳定性都无法承受互联网上的业务数据洪流。2013 年成立茅台电商公司后，因为公共云具有弹性扩展、高伸缩性、技术迭代快、互联网安全等优势，茅台电商业务大胆决定入驻阿里云，成为贵州第一家使用公共云的大型企业，甚至领先于沿海地区的酒业同行，获得科技创新的先发优势。

零售渠道升级：大数据赋能传统店面“换道超车”。茅台云商平台无缝融合多渠道营销流量，开放线上卖场，撮合经销商与消费者交易。云商 O2O 平台通过以下几大创新项，让消费者线下体验与线上消费一样便捷：

二维码“云端溯源”

采用“一瓶一码”制。通过扫描在酒瓶、纸箱上粘贴的二维码标签，供应链上流经的每一个经销商、零售终端、注册会员、消费者信息会实时进入云上数据库。线下终端卖的每一瓶酒、卖给哪位消费者等信息都会“数据留痕”，市场流通中的一瓶原装酒能够追溯到具体的销售门店、经销商、流水线。通过二维码系统，分销过程实现全链条数字化，上云后一举解决了产品溯源、防伪、防窜货等供应链顽疾。

当你走入茅台电商公司的大厅，会发现墙上挂着两面可视化大屏，滚动显示全国所有销售茅台酒的店铺与电商经营信息，覆盖网点交易额、所售品类、订单数量、客单价、用户画像等关键参数，便于数据决策，及时优化产供销部署。

大数据“精准营销”

传统分销模式中，茅台集团面临的最大挑战是不知道谁购买了茅台酒。自从上了云商平台，所有经销商在线销售产品，维护客户关系，管理门店和库存，进行市场推广，将以往线下的销售管理过程全部数据化、网络化、平台化。当客户、经销商的商业信息闭环回到厂家时，茅台能够迅速利用这些数据了解消费行为、市场变化，灵活调整价格体系，对渠道进行量化考核管理，从而先人一步掌握实际消费者需求、精准部署营销策略。

移动化“用户体验”

2016 年，茅台云商 App 正式上线。基于消费者 LBS（基于位置的服务）数据，营销系统按照距离从近到远，从全国线下 2000 多家经销商为用户自动派单、就近配送，无须从贵州千里迢迢发货；App 为消费者提供丰富的营销推荐与互动交流，消费者能够及时了解新品，购买更多茅台系列产品，而茅台集团则凭借飞天茅台等新款酒快速拓展新赢利点。

线上线下引流

线上，茅台通过开设茅台云商天猫旗舰店，利用天猫平台大流量优势，把新订单转给经销商；线下，茅台正在与阿里巴巴“零售通”线下渠道网络打通，以便充分利用“零售通”天猫小店（便利店）、天猫未来店、猫贸（百货商场）强大的到店流量，实现线下销售渠道的拓展。

互联网渠道“价格调控”

借助 O2O 云商平台的大数据能力，构筑起全国公开透明的价格体系。在线营销数据成为稳定茅台市场价格的重要手段，防控资本炒作和肆意涨价，维护每一个消费者利益。

数据画像“反黄牛党”

当前市场环境下，茅台酒存在黄牛炒货现象，价格炒高，既侵害消费者利益，又损害茅台品牌形象，破坏经销商良性竞争秩序。茅台官网每次放货都是“秒杀”售罄，除正常消费者购买外，部分茅台酒流入黄牛手中。茅台与阿里云等科技公司合作开发“反黄牛”系统，通过大数据画像识别清洗黄牛党，保障了大众消费者、经销商的基本利益。

第二阶段：茅台云商 2.0，全渠道生态平台运营

如果说 O2O 平台是茅台云商的 1.0 阶段，部分实现了新零售商业模式，那么茅台云商的 2.0 阶段致力于打造一个更加立体、跨界的全渠道酒业生态圈，云端整合现有线上线下商业资源，快速引入新技术、新商业、新服务合作伙伴，持续增强生态圈中所有商业物种的网络协同能力（倍增效应）、群体加速创新能力。

2016 年 8 月，贵州茅台与阿里巴巴签署《战略合作备忘录》，双方计划在电子商务、数据科技、营销推广、金融服务、供应链、区块链等领域开展深度合作，茅台云商 2.0 正式开始筹划。

茅台云商 2.0 核心建设目标是：为茅台集团营销体系与生态伙伴打造包含 1 个平台、7 个中心的新生态系统，构建 7 个互联网功能中心（见表 2–2）。

表 2–2 茅台云商七大互联网功能中心

1 产品展示销售中心	由集团公司牵头，协调各子公司梳理完成产品目录，通过电商公司现有自营平台实现产品展示、销售等功能。
2 营销业务处理中心	利用阿里技术、资源和聚集的大数据，全面改造升级营销平台，实现精准营销和真正的大数据分析决策。
3 宣传促销推广中心	利用“码上有礼”“云微商”等媒介协助各子公司实现线上线下协同营销，逐步向新媒体投放倾斜。
4 客户服务互动中心	完善移动 App、PC 等端口的客服区域功能，为客户提供优质的购物体验，同时开辟客户交流板块，实现客户之间的互动。
5 数据分析监测中心	以“二维码”为载体归集营销数据，通过大数据分析供各子公司和经销商决策，同时实现市场监控。
6 品牌文化传播中心	通过茅台官记商场和“茅台云商”平台对茅台文化、国酒文化进行传播宣导。
7 线上资源整合中心	利用电商公司平台优势，融合政府、经销商、阿里、京东、滴滴出行、酒交所等多方资源，尝试跨行业、跨领域的互联网创新型营销模式。

资料来源：阿里云研究中心。

以云计算大数据为基，构建“新零售中台”

随着茅台云商线上业务的多元化开发，原有系统难以跟上业务的高速发展，遇到创新周期长、试错成本高等现实挑战。因此，茅台决定引入脱胎于淘宝天猫体系的企业级互联网架构，在云上进行应用架构的升级重构，以期获得业务创新的快速支撑能力。

高文立对互联网中台架构有自己独到的见解：“依托阿里云企业级互联网架构‘厚中台、薄前台’的理念，借助阿里云互联网中间件技术（Apsara Aliware），茅台云商搭建了一个很‘厚实’的业务中台，它包括营销中心、会员中心、商品中心、交易中心等十多个中心。整条交易链上的人、货和交易信息，都汇聚成一个即时动态变化的‘水池’，池中的‘水资源’随时可供上层的业务模块和业务流程使用，可以快速响应业务变化，满足业务创新过程中的技术需求。”

阿里云还为茅台打造了一个数据中台，基于数据中台产生的业务数据，结合外部脱敏数据进行大数据探索。目前数据中台的数据应用部分涵盖了全局监控、宏观决策的功能设计，还为分流量等专题分析提供数据化运营，同时提供了类似于反黄牛算法、价格监测等和业务流程强相关的应用。数据中台很好地实现了数据业务化，为企业的管理、决策提供科学依据，同时可以更好地支持业务的数据化。

增量业务创新模式初探

茅台云商 1.0 并不是以营利为目的，还只是对新零售模式的探索。2.0 阶段，公司则开始思考如何利用平台上的流量以及数据资产实现增量业务创新。

酒类大宗商品一级交易：在茅台按计划分配经销商配额的基础上，依托茅台云商，借助物联网溯源、供应链融资等手段，探索建立经销商之间合理市场调节的一级交易平台，形成茅台科学合理的销售计划管理机制，确保货物安全，同时对有融资需求的经销商提供资金支持。

零售通引流：依托阿里巴巴零售通平台，通过对接平台上 70 万家便利店，打通端到端的供应链链条，帮助经销商直接触达社区小店和社区消费者，为经销商引流，在存量消费者基础上增加增量消费者。云商平台也可帮助便利店解决融资需求。

智慧门店：基于阿里云智慧门店解决方案，引入人工智能、大数据等技术，探索茅台下一代智慧门店建设思路，如智能客服机器人、无缝支付体验、智能货柜等技术，提升消费者购物体验。通过门店数字化，精准判断消费者喜好，实现精准营销和个性化服务。

投资 / 收藏 / 拍卖 / 云微商：官方平台权威背书，提供酒金融、二次交易、投资收藏、品鉴拍卖、老酒储存、投资理财一体化增值保障。消费者还可申请成为云商网点云微商推单销售员，在无须考虑货品铺陈、配送、资金安全和风险的情况下，完成订单的推荐，赚取佣金。

区块链防伪：茅台云商正在与蚂蚁金服展开在区块链技术上的合作。探索在茅台产品区块链防伪溯源、交易者身份信息认证、去中心化智能合约交易方面的应用。

茅台云商 3.0——白酒行业云平台

经过 1.0 的线上线下融合，到 2.0 的全渠道服务，茅台云商 3.0 阶段将不再满足于对茅台自身的供应链赋能，而是把自己沉淀的经验与技术对整个白酒业开放，同时借助其在行业的领导力，形成赋能全行业的新零售平台。

茅台新零售引发的思考

茅台云商从 B2B、B2C 到 O2O 再到全渠道平台的发展路径，对很多大型传统企业的电商发展有较强的示范效应。从茅台电商的转型过程以及对未来云商平台的建设思路中，可以提取出很多值得借鉴的地方，供在转型路上的企业参考。

平行于体制的创新：新商业最大的挑战是组织创新。传统工业经济的组织方式已经难以适应互联网时代的经济要求。 茅台集团通过成立茅台电商子公司，可以形成和集团的松耦合关系，既可获得集团的支持与指导，又可以独立运营，实现平行于体制的创新，减少新旧动能间的摩擦，降低试错的成本与风险。同时，公司通过引入战略合作伙伴，创新管理理念，可以获得更多的社会资源，形成市场化运作机制。

S2b2C 平台：茅台云商平台非常符合阿里巴巴曾鸣教授所提出的 S2b 模式，即整合了前端供应链的大 S（云商平台），赋能小 b（平台上的经销商），一起服务好 C 端消费者。小 b 的天然能力在于与 C 的关系，但由于能力不足，无法期待大规模获客，因此，S2b 平台的核心在于 S 对小 b 赋能，通过对前端供应链的整合才能帮助 b 更好地服务 C。同时，S 必须确保 b 服务 C 的过程是透明的，并且通过实时反馈，才能提升 S 对小 b 的服务。S 和小 b 还要通过在线化、软件化实现自动协同，才能更好地服务 C。

网络协同与数据智能双螺旋：茅台电商起初的 B2C 与 B2B 模式之所以没有形成规模效应，是因为业务还是以线性的结构开展的，服务是破碎的、割裂的，各管一段、互不相干。而茅台云商的新零售范式，核心是网络协同，网络上包括物流、仓库、经销商、微店、消费者、线上 / 线下网点等每一个节点间都可以交互，利用互联网分布式信息的同步共享的结构，让所有商业信息在参与方之间实时、多方、多角度地互动沟通，这是网络协同相对于传统封闭式的供应链最大的优势。同时，网络协同需要数据智能的驱动。所有的数据都是在线化的，并且更多地依赖于人工智能与机器学习做商业决策。依托数字技术间的重混（云计算、物联网、大数据、区块链），以场景化的数据智能作为驱动，形成点—线—面的网络化结构，实现网络协同的倍增效应。

中国数字经济正进入发展的快车道，虚拟与实体的融合，新一代信息技术普惠化以及消费的转型升级加快了传统零售向新零售的转型，并为新零售提供了巨大的创新空间。

茅台云商在新零售的实践过程中展现了三个主要的转变，即商品驱动向消费者驱动的转变、线性供应链向网络化协同的转变、数字驱动向数据智能的转变。伴随着这些转变，茅台云商也取得了阶段性成果。当前茅台云商新零售项目正处在 1.0 向 2.0 的转型阶段，需要不断积累运营管理经验和不断进行业务创新。我们对茅台云商的新零售转型充满信心与期待，茅台千百年所形成的创新基因注定会让茅台云商的转型之路走得更远。

波司登：云上“三通”，引爆服装业新零售

近 20 年来，中国零售业伴随互联网、移动互联网转型升级为“新零售”，而制造业借助工业云、工业大数据、工业智能重构“新制造”，每 5 年都会涌现出一批创新型企业。同时，每一家企业都面临同样的行业挑战。

1. 信息不对称被打破，消费者主权时代到来

互联网 / 移动互联网、社交应用的高速发展，万物更易互联，价格、商品、商业行为不对称已经被打破，传统营销方式已经失效。

2. 传统渠道野蛮生长模式已经过去

租金成本、人力成本、制造成本不断上涨，行业集团陷入关店潮。单一品牌、单一渠道向全品牌、全渠道模式快速升级，以消费者为中心的统一视图、标准服务体验贯穿门店、电商、移动等触点。

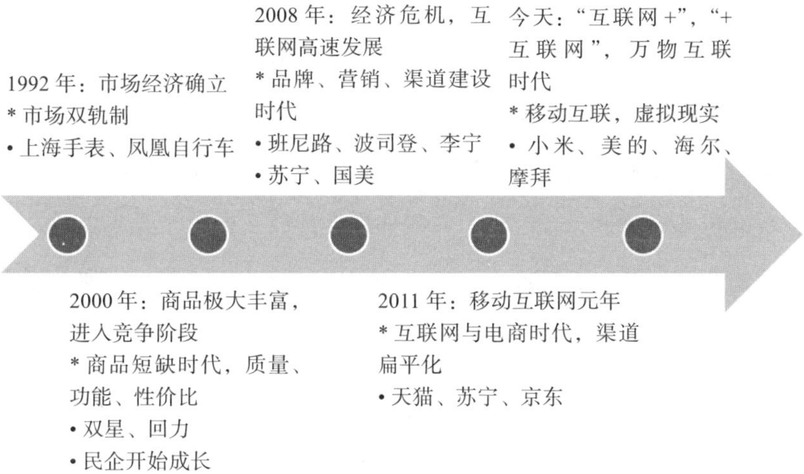

图 2–2　中国零售业五大升级

资料来源：阿里云研究中心。

3. 运营效率低，高库存、高缺货

供应链速度慢，运营效率低，库存分布不合理，高缺货与高库存并存。因为销量预测不准，补货时间太长，供应不可靠，引发高库存；而多库存就需要多投资，现金流压力增加；预测不准就积压，因为害怕积压而少备货，诱发高缺货。

波司登从 1995 年至 2016 年连续 21 年稳居中国羽绒服第一品牌，是行业领军企业。它独家销售四大核心羽绒服品牌波司登、雪中飞、康博和冰洁，在全国共设有4000多个零售网点，产销规模巨大，它是如何创新性地解决行业通病的呢？

阿里巴巴集团董事局主席马云提出“新零售、新制造、新金融、新技术、新能源是影响未来发展的主要因素”。波司登信息总监桂益龙说：“对于很多老牌的企业来说，在新零售来临时，面临的挑战比新企业要多得多。我已经在企业软件管理公司度过了10年的职业生涯，刚来波司登的时候，正是互联网快速发展时期。”波司登以前采用离线客户端与后台服务器定期同步更新数据。经过多年实践，发现离线方式在数据传送一致性、及时性、在线处理会员以及促销的业务协同效率等方面存在问题，而且离线数据只能用于事后分析，很难做到在线实时分析和预测，也无法实现线上线下全渠道服务消费者。

从2016年初波司登确定要建设零售云平台开始，IT团队在桂益龙带领下只花了短短5个月时间，就完成了云POS（销售终端）、会员系统、智能供应链、全渠道O2O系统的云上重构和迁移，并在数据精细化运营方面取得显著进展。桂益龙说：“2016年，波司登借助阿里云的互联网中间件技术，依托企业级互联网架构建设波司登‘零售云’平台，基于中台架构思想，结合波司登的业务特性，建立起波司登‘零售业务共享服务层’，包括全局共享的用户中心、交易中心、库存中心、订单中心，然后基于共享中台构建上层业务模块，这些业务模块能够灵活适应不同业务项目、不同业务流程。波司登依赖零售云平台，在2016年‘双11’大促中快速推进O2O业务，会员活动、门店销售等方面都能够弹性支持波司登业务的快速增长。”

波司登在“零售云”平台建设项目中，帮助3000多家核心门店打破信息孤岛，在线销售业务与线下会员信息实现融合，从原来各地门店信息不一致、库存不统一、会员信息割裂，转型重构为崭新的“零售云”平台，实现会员通、零售通、库存通的新零售三通格局。

1. 会员通（统一会员体系）

建立门店客流与巡店系统、门店看板分析系统、微商城、微信游戏与会员、无卡支付等，门店 + 消费者系统，加强了门店导购与消费者的互动，提高品牌对消费者的黏性。另一方面，建立会员社区、会员俱乐部与 500 万会员互动活动，提高客户的黏性，会员复购率达到 20% 以上。波司登通过整合各渠道消费者触点，提供统一的品牌触达（SCRM、社交网络、电商等），黏住存量老客户，吸引增量新客户。

2. 零售通（精细化零售运营体系）

新零售时代，客户关系管理通过移动互联网升级为“社会化客户关系管理”（简称 SCRM），品牌商能够跨越渠道与所有消费者直接互动，实现了品牌直达用户的目标。波司登投入开发 SCRM 系统，实现了全渠道整合营销，贯穿运营管理中心、会员俱乐部、互动中心、客服中心、营销中心、数据（交互）中心，将品牌传播与市场营销移动化、互动化、游戏化、数据化，以消费群体喜爱的方式（例如玩游戏），增加了品牌营销的趣味性与黏性。2016 年，波司登在里约奥运会期间推出一系列与奥运相关的小游戏，引导消费者通过游戏竞争在社交网络上分享传播。在 2015 年另一次营销活动中，波司登送出了 1000 件衣服的礼品券，激励品牌忠诚度高的消费者。同时，大胆应用互联网大数据分析，通过改造传统门店的运营管理模式，提升门店运营效能；通过大数据分析，降低门店缺货率，促进门店业绩增加30%。在“零售云”上使零售体系信息更透明，运营改进和业务奖励更及时。波司登通过打通电商与线下全渠道业务资源，2016年实现O2O销售近亿元。

3. 库存通（智能供应链体系）

在“库存通”投入运行后，通过线上线下共享库存、智能补货，提高货品周转率，缩短交货周期，减少缺货损失21%；提升适销比例，售罄率同比增长10%，公司业绩同比双位数增长。库存后移是解决高库存、高缺货的有效方法，“库存通”为门店、分仓、总仓、工厂设立了共享缓存库存机制，门店库存根据产品特性、配送周期、天气、节假日等因素，设定满足特定时期内销量的目标库存。这样还可以削减经销商仓库数量，减少中间环节。波司登在“零售云”项目的试点区域直接取消了经销商仓库，实现供应链系统自动为经销商门店和直营门店补货，节省库存成本。通过在线监控供应链的大量库存节点，快速、高效、准确地在恰当的节点分配合适的库存。“库存通”还协同生产、制造资源，快速补货，减少零售网点的结构性缺货，利用“在线库存一体化”统一电商渠道、实体渠道、总仓、分仓等全局库存，自动分配处理订单，进一步缓解缺货压力。“统一库存中心”建设是实现库存后移的落地方案。例如，某实体门店某款产品出现尺码缺货，只要向波司登零售系统提交一张O2O订单并付款，零售系统就会根据库存路由分析查找最合适的库存方，通知发货方快速发货，扣减库存方可用库存，计算并分配业绩。桂益龙指出，波司登 2016 年“双 11”大促期间，线上下单线下发货，消费者下单后最快 2.5 小时就能收到所购商品。

波司登在零售企业转型机遇中，积极借鉴云计算、大数据、电子商务、移动互联网的领先技术与最佳实践，通过打造强健的供应链、财务、人资管理平台，为公司新零售转型提供了强有力的业务支撑。桂益龙深有感触地说：“其实在新零售浪潮面前，中国企业只有一条路可以走——上云！把数据的力量变成企业齿轮转动的动力。我们与阿里云合作，从无到有、从简到精，慢慢搭建了一整套的企业级互联网架构。”

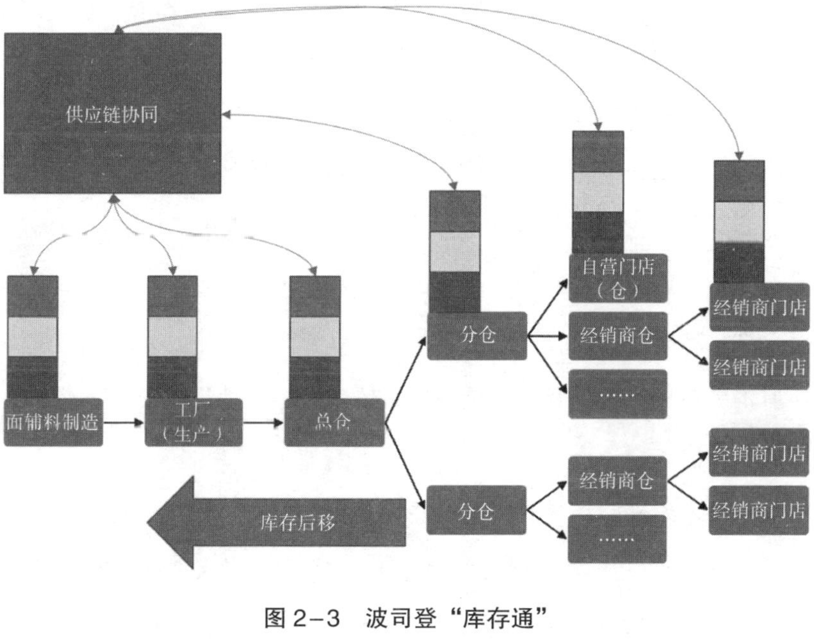

图 2-3　波司登“库存通”

图片来源：阿里云研究中心。

为什么要采用以共享服务中心为核心的企业级互联网架构？波司登 IT 团队面对常规的全渠道整合营销项目必须能够敏捷提供相关应用服务，而对特殊企划活动也要在现有共享服务中心基础上快速构建新应用。由于市场变幻莫测，很多营销方案最终确定时间通常比较晚，留给 IT 团队的时间往往异常紧张，例如两周内要上线一个新方案。当波司登通过长期业务沉淀与数据积累，共享服务平台（会员中心、营销中心、订单中心等）日趋成熟完善，IT 团队不需要修改（或只需要少量修改）即可满足新的营销应用需求。IT 快速适应业务变化的同时，中台与前台分离，大幅提升了波司登新零售系统的安全性与可靠性。

为什么采用云计算？波司登与大众消费者互动时，应用系统经常遭遇从波峰到波谷的巨大“脉冲计算”压力，IT 团队与阿里云架构师共同认真规划设计后，决定把这些应用系统迁移部署在云上，通过共享服务中心与企业内部其他应用进行整合。例如，“零售云”的营销互动应用，通过会员中心与营销中心与 SCRM、POS 系统整合，波司登依靠云计算经受住了每分钟 1.7 万次高峰访问的业务考验，从而保障了每一位忠诚消费者的品牌互动体验。每一个消费者对品牌产品都是有个性化情感诉求的鲜活对象，在 SCRM 营销活动中，必须时刻关注所有消费者的感受变化，注重消费者体验，才能满足消费者需求，获取商业价值。

从技术发展路线来看，波司登近几年在如何用好互联网技术上进行了很多尝试，比如 2015 年，基于 MySQL（一种关系数据库管理系统）开源技术做了一些小应用进行技术探索，并取得较好效果。伴随新零售业务转型需求逐渐清晰，波司登 IT 团队一直在研究选择何种技术架构，在与阿里云认真研讨后，他们认为阿里云企业级互联网架构能够很好地解决下列几个重要问题：

第一，通过分布式应用与分布式数据库，解决系统容量与扩展性问题。

第二，通过共享服务中心模式，匹配业务快速变化需求。

第三，通过阿里技术团队输出技术，解决技术能力获得问题。

波司登曾经与一些使用开源互联网架构的公司交流，当地一家做B2C业务的公司的技术团队诉苦说，光在MySQL开源技术上就投入了60多个技术人员，开源技术的门槛其实很高。波司登清醒地认识到企业架构转型的目的是通过构建应用体系来解决企业业务转型问题，于是邀请阿里云团队共同解决技术架构的挑战问题。

2016年，波司登基于阿里云企业级互联网架构进行了一系列应用改造工作。桂益龙指出，以往满足供应链业务新需求，IT团队至少一个月才能交付系统，而采用企业级互联网架构后，3天即可完成业务体系新模块实施。波司登在企业应用级实现了“互联网速度”，这种阿里巴巴电商中台曾经的“独门绝活”终于走入了零售制造企业。波司登架构改造由以下三个方面组成：

（1）共享服务中心。共享服务中心是参照阿里巴巴强大的电商中台体系进化出的企业通用架构模型，通过高可扩展性的互联网级应用中台、数据中台，跨业务线共享公共系统组件，波司登利用共享服务中心架构快速整合POS、SCRM等系统上云，高效加速新零售业务应用体系落地推广。共享服务中心由商品中心、库存中心、会员中心、营销中心、订单中心、用户中心、结算中心、渠道中心、分销中心等通用模块组成，帮助 IT 团队在短短两个月内就顺利完成了“O2O 订单平台”从开发到上云的全部工作。

（2）分布式数据库。分布式数据库计算能力和容量能够快速水平扩展（Scale–out），比传统数据库扩展能力更强，不会受限于存储设备本身的 I/O（输入 / 输出）性能。波司登经营旺季营销活动频繁，O2O 全渠道营销活动通过网络数字媒体、SCRM、零售后台、POS（含支付平台）等系统进行整合营销，存在明显的峰值计算压力，一分钟并发访问超过 1.7 万次，分布式数据库保障了全渠道业务系统的高可用性。

（3）分布式云计算资源。云计算基础设施可有效降低整体 IT 成本，无须成本高昂的 IOE[①] 高性能存储、小型机、数据库等外资软硬件，采用阿里云自主研发的国产分布式关系型数据库、互联网消息中间件等企业级互联网架构，以及配套成本很低的 x86 服务器集群，可帮助企业构建高可用性、高扩展性、高投资回报的互联网级业务平台。

企业级混合云架构的优势在于以往 IT 投资的系统设备部分保留，将创新型业务、高风险高频变化的系统与云架构无缝融合，提升业务可持续性、可靠性、可扩展性与安全性，减少企业 IT 投资浪费，降低项目建设风险，大幅缩短项目工期，通过“上云用数”帮助企业真正聚焦业务价值核心目标，摆脱“补丁盖补丁”的诸多 IT 历史遗留问题。

正如桂益龙所说：“在物联网世界中，我们从原来线下割裂的消费个体，汇聚成为新零售云平台上个性鲜明的数据社群。接入云计算、

① IOE 指 IBM 的小型机、Oracle 的数据库、EMC 的存储设备。——编者注

大数据仅仅是新零售企业裂变的起点。我相信波司登在这几年中所做的只是一个小小的开始，在与阿里云的合作中，相信我们会渐渐触碰到一个全新的未来。网络时代改变了人们的生活方式和消费习惯，而我们必须站在更高点，来改变这个时代。”

新零售时代的大幕刚刚开启。

中汇技术：打造银行间市场本外币交易背后的共享服务平台

> 在新一代系统架构转型过程中，中汇公司借鉴阿里分布式技术和经验，开阔视野，拓展思路，优化完善全自主研发的分布式服务化基础架构平台。我们对通过不断创新夯实金融基础设施建设，助推中国外汇交易中心成为全球人民币及相关产品交易主平台和定价中心充满信心。
>
> ——2017 年“云栖奖”获奖人
>
> 中汇信息技术（上海）有限公司副总经理　李正

人民币走向全球第三大国际货币

中国正在从经济大国走向经济强国，并且正在以 14 亿人口的产业创新动能引领“一带一路”沿线国家以及“金砖国家”，相当于在中国之外又开拓出相当于中国市场体量的“带路经济体”（GDP 为 21 万亿美元）和相当于美国市场体量的“金砖经济体”（GDP 为 17 万亿美元）。而大国崛起必须要有自己的国际化货币。在和平时期，人民币正在“一带一路”沿线国家（马来西亚、韩国、柬埔寨、菲律宾、尼日利亚等国）成为国际结算货币、投资货币和储备货币。自 1944 年“布雷顿森林体系”确立以来，美元主导国际货币 74 年的霸权格局正在被改变。借助金融、科技“双螺旋”的创新力量，全球最大发展中国家、第二大经济体（中国）正在世界经济复苏的过程中造福全球各国人民。

随着金融科技的持续创新与国内外市场的逐步开放，金融机构所面临的国际和国内商业环境越来越复杂。隶属于中国人民银行总行的中国外汇交易中心承载着人民币国际化的关键使命，是我国银行间外汇市场、货币市场、债券市场以及汇率和利率衍生品市场等的组织者和运行者，为遍布全球的 10000 多家交易成员、33000 多家信息和监管用户，提供银行间本外汇市场交易、交易后处理、行情指数信息、人民币定价基准等各种服务。

其全资子公司中汇信息技术（上海）有限公司（以下简称中汇公司）作为中国外汇交易中心的开发中心，长期致力于成为国内一流、具有国际影响力的人民币交易系统解决方案、行业标准和国家重要基础设施的供应商。外汇交易中心在 20 多年的业务快速发展过程中，核心业务系统已支撑起银行间市场平均每日 4 万亿的巨大交易量，同时达到了 99.99% 的极高可用性。但随着业务发展，需求变更更加频繁，交易和信息反馈速度要求更快，集中承载业务逻辑的服务开始形成瓶颈，系统间交互变得日益复杂……这些问题都为企业架构治理、业务灵活创新带来了巨大挑战，应用开发速度、运维难度、投入产出效率都亟待显著提升。那么，中汇公司究竟是如何将严峻挑战转化为创新驱动力，成功实现从 IT 到 DT 网络化转型的呢？

系统架构的三次“脱胎换骨”

在上海浦东张江开发区的一栋4层小楼中，没有传统金融企业的金碧辉煌，反而在每一个角落都充溢着一家年轻公司的快节奏与旺盛的创新力。在一间空间不大却洒满阳光的办公室中，中汇公司副总经理李正为我们讲述了中汇技术带头人敢想敢干的创新实践故事。在公司发展的这些年里，也是全球金融机构触网、上云的转型期，为了满足金融客户、行业监管者不断变化的动态需求，他们竭尽全力提供更优质的金融服务体验，总共迎来了三次技术层面的自我颠覆：

（1）“总分架构”时期：1994—1997年。由各地分中心独立建设IT系统，承载主要的业务处理职能，与总中心形成专网连接的星形结构。

（2）“整合架构”时期：1998—2014年。把全国所有分中心的IT系统在外汇交易中心进行集中整合，实现三层架构，率先把浏览器交互技术引入交易系统。通过对数据、应用和技术的统一规范，实现了对多系统的有效整合和治理。

（3）“分布架构”时期：2014年之后。因诸多历史遗留系统不适应新时期业务高速发展要求，交易中心决定借助云计算技术向分布式服务化架构转型，将现有系统分步重构，以“分层、拆解、抽象、复用”思路形成新一代交易系统。

在向分布式架构的转型中，中汇公司借鉴了阿里云EDAS、DRDS、MySQL等核心技术，协同阿里工程师联合创新，优化架构，完善了其自主研发的分布式服务化基础架构平台，实现了高并发、高灵活、高可用的平台优势，同时也使应用开发的效率提升了40%。

李正爽快地说道："我们自有的200多人技术团队主要由新毕业的大学生组成，很多人只是在书上看过分布式设计理念，因此与阿里云合作，既希望学到分布式架构的最佳实践经验，又期待能与中汇公司IT战略规划、研发体系融为一体。在中汇、阿里云双方的合作过程中，成功引入了分布式服务化架构理念，又通过应用配套研发形成了符合自身业务特点的技术体系。"

为了提升交易平台的系统容量和处理能力，中汇公司自主研发的分布式服务化架构体系包含六大架构层次：用户访问层、接入服务层、应用服务层、数据服务层、技术平台层、基础设施层。

用户访问层：自主设计开发的通用交易终端基础框架，集成业界前沿混编前端技术，用以支撑交易客户端应用开发，使用户能够方便地个性化定义自己的交易界面。

接入服务层：通过服务发现与路由、协议转换、负载均衡、安全隔离等技术，实现了客户端到应用服务、应用服务到数据的透明调用；同时，依托银行间市场业务数据交换协议IMIX，为市场成员提供了一个施展能力的通道。

应用服务层："厚平台，薄应用"的实施主体，领域驱动和共享服务将在应用服务层完成融合与解耦，实现了核心业务功能，并向市场开放业务能力。

数据服务层：以银行间市场元数据标准构建数据协同开发能力，基于自主化元数据管理平台和企业数据模型，对数据对象进行精准设计和严格管理，从而做到了数据库的设计、系统间的数据交换、客户端交互都遵循统一银行间市场数据元规范，为数据的深度挖掘奠定了良好基础。

技术平台层：构建自主化架构资产库和核心技术资产，包含所有技术平台、中间件、支撑工具和基础构件 SDK 等。

基础设施层：硬件、存储、网络、安全等设备集中在这一层统一管理并集中监控，也为后续创建自主知识产权的私有云基础服务奠定基础。

网络化转型收获颇丰

随着银行间市场新业务的开展，为了快速响应业务需求，更好地服务行业机构和会员单位，中汇系统逐步升级至分布式、服务化、高可用的技术架构。中汇公司自主设计规划的企业架构资产库，包含丰富的技术平台、框架以及中间件、构件库和基础设施，结合领域驱动的先进理念，实施建设交易中心各类应用系统，包括银行间外汇交易系统、本币交易系统、交易后处理系统和中国货币网等，打造银行间市场基础设施环境，构建技术生态圈。借鉴阿里巴巴经过实战检验的“厚平台，薄应用”设计原则，基于 TOGAF（开发组体系）架构治理框架，完善公司自主设计的分布式服务化基础架构体系。架构转型取得的突破性成果包括：

（1）消灭数据库瓶颈：采用分布式数据库消灭了全链路数据库瓶颈，对数据解耦，缩短数据访问链条长度，并通过统一业务 API（应用程序编程接口）访问专属业务的数据资源，让数据跟着业务应用走，显著提升了全球人民币数据服务性能。

（2）消灭中间件瓶颈：采用企业分布式服务框架消灭应用扩展瓶

颈，利用开放式消息服务消灭消息处理瓶颈，张弛有度、灵活满足业务伸缩需求。

（3）建立和完善共享服务中台：实现从“IOE 传统架构”向“分布式服务化”转型。由会员中心、用户中心、订单驱动交易、报价驱动交易等组成共享服务层。随着迁移应用不断增多，逐步沉淀更多业务微服务模块到共享中台上，不断完善平台功能，以灵活响应个人计算机和 App 端的业务快速创新、新应用模块发布。

在业务、科技双驱动的背景下，2016 年，银行间市场累计成交 960.1 万亿元，同比增长 36.2%，银行间本币市场成员达 16581 家，较上年末增加 5702 家，银行间外汇市场会员达 597 家，较上年末增加 79 家。

另一方面，网络化转型过程激活了员工创新的巨大潜力。

第一，公司通过前沿技术兴趣小组、企业内刊《技术通讯》和定期举办的“为己茶话会”等多种形式，积累了大量技术储备，很多成果已经通过国际会议和期刊论文发表，申请多项发明专利和软件著作权，取得了大量国际、国内和人民银行系统的技术创新奖项。

第二，产学研联动，通过加强与高校之间的基础理论研究合作，提升技术创新水平和理论高度。

第三，通过与阿里云等顶尖技术公司的合作，引导和推进公司云平台构建自主化进程，自主实现了企业级分布式应用服务，创造了稳定、可靠、容量和服务能力可弹性伸缩的技术开发平台，可支持自动化水平拆分、在线平滑扩缩容、弹性扩展、透明读写分离等，具备了数据库全生命周期运维管控能力。实施架构改造后的应用系统，虽然依然存在多环境支持、不间断升级等亟待解决的问题，但是已经实现了微服务的建立和识别、功能的分离和改造、领域的识别和复用，微部件、微服务和微数据的标准化等。

业务创新的新起点

云上的技术更迭极快，为金融业务带来的创新红利源源不断。李正对于下一代金融商业模式有十分独到的见解。

目前，外汇交易中心的交易平台是整个本外币金融交易网络的中心主节点，交易会员、信息商、软件开发商（ISV）、中介经纪都是围绕外汇交易中心开展金融业务，形成了星形服务网络。未来在向价值网络的转变中，交易网络中的成员将不只是交易的参与者，可能扮演更多的角色，每个成员都可能成为推动价值创造的一分子。交易中心和市场成员在网络上提供各种增值服务的同时，也能获得需要的服务。而在这一过程中，中汇技术将为这张网络赋予新的能力，帮助外汇交易中心协调和利用网络的资源，使整个网络效用最大化。

李正对金融“终局”（5~10 年后）的预判，与我们对下一代智能金融经济体的研究不谋而合，即高价值的金融创新生态圈必须具备平台模式的三大特征：数据智能、网络协同、精准金融。实践是检验真理的唯一标准，让我们跟随云上金融创新者中汇公司的创新步伐，走入一个伟大的“新金融”时代！

美年大健康：健康云孕育大数据开放平台

美年大健康作为中国最大的大健康数据中心和最大的流量入口平台，目前已经与阿里云展开合作，双方共建云计算平台，并开展了健康体检、医学影像等核心大数据分析及合作应用。通过与阿里云的强强联手，美年大健康将利用阿里云尖端的互联网技术，快速推进美年大健康400家体检中心的数字化、智能化。双方联合打造适应未来发展所需要的健康大数据开放平台，及中国最大的健康生态圈。通过不断在云端整合体检上下游产业合作伙伴，预计2020年实现1000家体检中心，2021年专业服务1亿中国人的宏伟目标，持续引领中国大健康服务产业的发展。

——2017年“云栖奖”获奖人，美年大健康董事长　俞熔

医疗健康产业正在迎来最重要的历史发展机遇

近年来，国务院及其卫生行政主管部门连续出台《中共中央国务院关于深化医药卫生体制改革的意见》《关于进一步鼓励和引导社会资本举办医疗机构的意见》《关于促进健康服务业发展的若干意见》等政策法规，旨在引导、帮助医疗服务企业（尤其是民营非公立医疗机构）不断做大做强。特别是党的十八届三中全会审议通过的《中共中央关于全面深化改革若干重大问题的决定》明确提出要“鼓励社会办医”，为非公立医疗服务类企业带来了政策上的利好，促使投资者和从业人员练好内功，不断提升服务质量和做大市场规模。

2016年对于中国医疗健康行业而言是一个井喷之年。全国卫生和

健康大会的召开、“健康中国 2030”规划纲要的实施以及全球健康促进大会首次落户中国，所有重量级的会议和部署都彰显了卫生与健康工作在党和国家事业全局中的重要位置，推进健康中国建设的重大意义。“健康中国 2030”规划纲要强调：调整优化健康服务体系，强化早诊断、早治疗、早康复，更好满足人民群众健康需求。”党的十九大报告明确提出“坚持预防为主，倡导健康文明生活方式，预防控制重大疾病”方针，可见健康产业的发展已经成为民族昌盛和国家富强的重要标志。

从市场层面看，人口老龄化、消费升级、倡导健康生活方式观念的深入，让广大人民群众出现了井喷式的医疗健康需求。从体检行业未来的发展趋势上看，未来的体检行业服务内容将发展为几大趋势：第一，由常规的健康体检过渡到综合的健康管理发展；第二，体检服务的个性化、定制化逐渐增多，专业体检机构逐渐成为市场主力；第三，行业集中度不断提升，健康体检服务行业与互联网融合发展，中国体检行业互联网化以营销、渠道、运营、产品互联网化为主要手段；第四，健康大数据的应用及价值实现进一步被深度挖掘并与医疗服务、健康保险和信息化相结合。因此，随着居民健康消费需求的日益增长，体检行业未来的发展空间巨大。

健康体检行业作为疾病医疗的预防端及整个大健康产业链的入口端，在国家预防医学、公共卫生和医疗改革中肩负着重要的使命，可持续、可获取、低成本、可分析的健康大数据是国家医疗卫生改革的重要载体。

因此，如何以较低成本发挥出数据的最大价值，未来将成为健康体检企业的核心竞争力。

做大做强之路上的新挑战

美年大健康产业公司是中国最大的健康体检和医疗服务集团，沪深300成分股，在健康服务业上市公司中市值排名第一。旗下拥有“美年大健康”“慈铭”“慈铭奥亚”“美兆”等专业健康体检和医疗品牌。目前，在全国200余个核心城市拥有近400家医疗及体检中心，是全球规模最大的预防医学平台和健康需求入口。

截至2016年年底，美年大健康体检中心在全国30多个省份、100多个核心城市拥有近300家医疗及体检中心，拥有全职专家、专业医护及管理团队近20000人，年服务客户近1500万人次。公司以专业化、高品质的健康体检为基础，以体检大数据为入口，围绕专业预防、健康保障、医疗管家等领域展开服务，为企业和个人客户提供一流的健康管理服务。在规模、人才、管理、服务、客户资源、品牌等方面具有明显优势，是健康体检领域的领先企业。2017年，美年大健康为近2000万人次提供了专业健康服务，预计2021年将服务超过1亿人次。

2016年，美年大健康积极打造大健康产业平台价值，重点布局远程医疗、基因检测、大数据业务，不断延伸产业链。通过与大象医疗的战略合作，实现了远程阅片和远程医疗服务；参股美因健康，积极开展基因测序业务；参股好卓数据，开发优健康App，为客户提供了电子化体检报告、健康管理、健康咨询等增值服务。

公司经营的核心理念包括：预防为主，防治结合，构建检查、治疗、保险的全闭环模式。公司以专业化、高品质的健康体检为基础，以体检大数据为入口，围绕专业预防、健康保障、医疗管家等领域展开服务。左手强化体检入口优势，不断丰富产品线，持续提升内涵品质；右手全面、深度布局与体检业务上下游产业链具有协同性的赛道，形成强大的商业闭环和生态圈布局，把庞大精准的健康大数据与健康保险和互联网金融结合，捆绑线下综合健康服务模式，打造属于中国人真正有价值的个人“健康银行”。

在这一经营理念的指引下，美年将以创新健康体检服务为核心驱动因素，致力于打造以庞大体检平台为基础的健康产业生态圈，在专科医疗、慢病管理、先进诊断、大数据、远程医疗、健康保险等核心赛道重点布局。

但是在达成上述目标和布局的道路上，美年在行业环境挑战和业务挑战方面面临着几座大山。其中在行业环境挑战上，主要有如下三个方面：

人才方面：医疗健康行业对人才专业性的要求格外严格，优秀的医生培养周期长，优质医疗服务的供给远远跟不上井喷式增长的需求。

环境方面：医疗健康行业的品牌培育需要长时间的沉淀，严格的监管要求企业的合规意识要强，因为其所处的行业具有特殊性，具有社会责任和公益属性。

大数据和远程医疗方面：医疗行业是一个传统和保守的行业，是需要面对面解决问题的行业。在这种背景下，如何做到与移动互联的有机结合，在保证医疗质量的前提下，最大限度地提升医疗效率，提高就医体验，通过资源的重新配置打破信息孤岛，构建共享数据平台，搭建远程医疗平台等，是行业共同面临的挑战。

结合公司经营理念，美年制定了“做大主业、建立生态、完成闭环”的业务战略目标，具体包括：第一，公司将继续强化体检主业的优势地位，继续做大、做深、做精、做强专业体检主业。第二，基于美年大健康体检平台现有流量数据、场地空间、大型设备、医疗牌照，打造全科医疗中心、五大慢性病防治中心、远程医疗中心，成为未来医生多点执业的最佳载体。第三，巩固和强化健康产业生态圈，在专科医疗、全科医疗、慢病管理、先进诊断、大数据、远程医疗、健康保险等核心赛道重点布局，为更多优质企业提供生态平台供给，促进彼此协同发展。在资源利用方面，公司还将推出全科医疗，加强远程阅片，实现远程医疗，在现有 300 家体检中心配置远程医疗诊室，和“微医”“好大夫”等线上诊疗入口合作，承接医生多点执业，充分发挥线下优势，推动体检中心收入的快速增长。

面对慢病管理、先进诊断、大数据、远程医疗、健康保险等一系列的创新业务，业务团队在体检入口、内涵的挖掘、向综合医疗转型等方面也面临着一系列的挑战。这对美年的管理体系、人才结构是一个挑战。远程医疗、全科、影像这些门类，医疗的服务要求就会更高。然而，企业大了以后容易形成惰性，如何保持高昂的战斗力和斗志是一个挑战。所以，美年现在的口号叫“重仓年轻人”，要相信年轻人的进取心，相信技术变革带来的价值，相信“梦想感召，使命驱动”的力量。

中国最大的大健康数据中心的云上战略与蜕变

国务院在《全国医疗卫生服务体系规划纲要（2015—2020 年）》中

提出“开展健康中国云服务计划，积极应用移动互联网、物联网、云计算、可穿戴设备等新技术，推动惠及全民的健康信息服务和智慧医疗服务”。2015 年 7 月 4 日，国务院印发《关于积极推进“互联网 +”行动的指导意见》，支持第三方机构构建医学影像、健康档案、检验报告、电子病历等医疗信息共享服务平台。影像数据被作为临床诊断最重要的依据之一。

在此大的政策支持下，为了应对上述发展的业务挑战，2017 年美年启动了云服务信息平台项目，按照 400~500 家门店规模进行公共云资源需求评估，搭建影像云平台。医疗影像云业务有如下突出的特点和需求：

（1）海量数据：医学影像数据量巨大。

来自麦肯锡的数据显示，到 2020 年，医疗数据将急剧增长到 35ZB（1ZB=2^{70}Bytes），相当于 2009 年数据量的 44 倍。其中，医疗机构的 CT（计算机断层扫描）、MRI（磁共振成像）等影像相关科室所产生的数据增长占据了绝大部分的份额。

（2）政策要求：医学影像要求保持 15 年以上。

只有看到患者当时的原始片，也就是原始的医学影像资料，才能做出非常正确的判断。

（3）互联互通：影像随时调阅，移动看片，避免重复检查。

美年大健康的管理团队清晰地意识到，“云战略是企业发展的趋势。精准、连续、可靠的海量大健康数据是美年大健康的核心竞争优势，数据的充分挖掘和精细化管理始终是美年大健康整体战略规划中最重要的一环，云战略对美年大健康具有重要的战略定义”。基于阿里云的成熟、稳定、安全可靠、技术领先以及阿里强大的生态体系，美年大健康和阿里云正式开始了合作。

项目团队的愿景是：利用云计算和大数据做好健康数据的积累与存储、大数据的分析以及利用，以缓解优质医疗资源不均衡这一社会矛盾。

为满足影像业务需求，构建全面性、合理性、可扩展性的云服务信息平台，项目团队经过几次讨论确定了如下具体目标：

弹性伸缩。根据访问业务需求弹性伸缩，包括CPU（中央处理器）、存储、带宽等，按照实际使用量进行计费，既满足峰值配置要求，又降低初期建设的成本投入。

高可靠性。影像数据三份备份，保障数据可靠性；严格的权限控制机制，保证数据安全；多线接入主骨干网络资源，跨网络访问畅行无阻，上传下载速度流畅。

快速部署。云计算具有极大的灵活性，支持应用系统的快捷部署。

安全可控。云盾高级安全抵御互联网安全攻击能力，可提供全方位的安全产品服务，满足信息安全等级保护评测要求。

云化必须与企业战略、阶段目标相吻合。云化必须合理配置与之相对应的人才、资金等资源投入，必须制订匹配的上云规划，并落地实施。在组织架构上，美年成立了专门的部门来负责规划、落实上云战略，同时根据云端战略推出远程集中诊断、AI阅片等新的业务运行模式。

目前，项目进展顺利，影像云平台已经接入上海等地的几十家门店，还在陆续接入中，预计半年以后将接入全部门店。从已经开展的体检、影像等核心大数据分析以及合作应用来看，大大提升了医生的工作效率，减轻了医生的工作量，使得医生资源和健康大数据得到了极大的共享和积累，夯实了人工智能实施的基础。而累积的健康大数据最终将反哺国家和社会，例如各项专科数据的大数据分析、流行病学调查、健康白皮书、国家卫生信息统计等。这必将助力国家和公共卫生事业的长久发展。

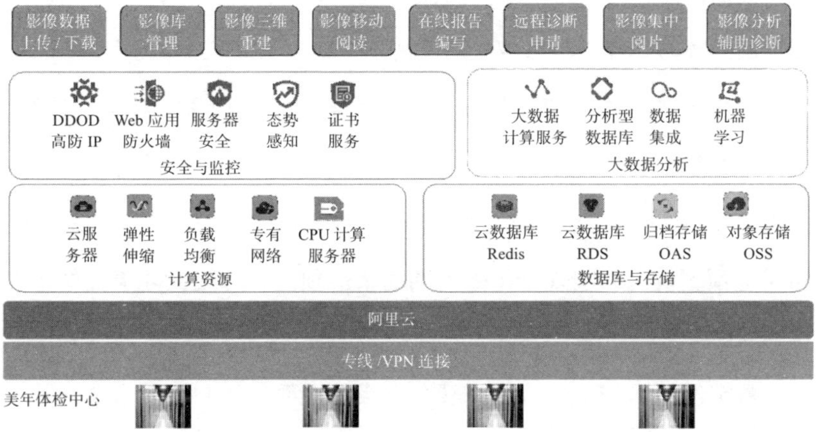

图 2–4　美年大健康项目架构方案

图片来源：阿里云研究中心。

随着项目合作进入深水区，美年大健康基于其云平台和大数据打造健康大数据基础平台，使之成为个人健康数据中心、慢性病防治中心、远程医疗中心。并利用云平台和云计算，巩固和强化健康产业生态圈，特别是在人工智能、医学影像和生物信息领域重点布局。

数字经济下的健康大数据云上未来

21世纪被称为“生命科学的世纪”。2006年人类基因组计划的完成，为健康产业插上了腾飞的翅膀。发达国家很快就捕捉到了这一具有时代意义的医学新高峰，并对其意义和内容及时做出了诠释和定位。在美国，最大的产业是服务产业，而服务产业中最大的产业是健康产业。在中国，随着国民经济的不断增长，人们在基本物质得到保障的同时开始注重生活质量的提升和健康维护。人口老龄化和环境污染导致慢性病高发，经济发展和高发的慢性病带动了大众健康观念的转变，慢性病的预防和控制越来越受到重视。

美年大健康作为年体检数千万量级的企业，积累的精准、连续、可靠、可控的健康大数据将成为企业强大持续的核心竞争力。利用这些大数据可为居民提供慢性病管理、个体精准预防解决方案，提供疾病风险预测模型以实现全生命周期的精准预防，为国人健康提供全方位的保障。

数字经济是带动传统经济转型升级的重要途径和驱动力量，其本质还是信息化，前沿科技大数据、人工智能、区块链、虚拟现实加速了数据经济的发展。通过美年的案例我们可以预见并相信：云计算、人工智能、物联网等使得企业响应市场需求的速度越来越快，速度成为竞争关键因素。云计算将使更多企业和个体的需求得到满足，资源的开发和使用更加优化。这些前沿技术必将重构企业的价值链和供应链！

企业“在线化”：“双 11”成为新常态

两股驱动力推动着企业服务在线化，一是超大规模在线市场：全球一半人口上网，形成40亿网民的大市场，其中中国App消费额（占比38%以上）、下载量、人均安装App数（100多个）、使用总时长（2250亿小时）均占全球第一，吸引所有传统企业业务上云，产业链逐步互联网化。二是App经济赋能产业：以工信部、阿里云为代表的“国家机构+互联网企业”实施“百万企业上云工程”“百万App培育工程”，以云计算、大数据、物联网、人工智能的服务包，融合地方区域优势产业带，加速广东、浙江、江苏、山东、四川等地企业转型、产业升级。

“双11”式业务洪峰正在成为每一个企业的“新常态”：

快递业：为承载日均包裹量7倍以上的快递洪峰，中国邮政上云转型，拥有了几十亿量级的日数据操作能力。

汽车业：为了支撑“30周年庆典”直播、“蓝色商城博越预售大促活动”，为数万消费者秒杀2015辆新车提供最好的服务体验，吉利汽车上云转型，利用新营销方式，发现潜在客户群，增强会员俱乐部交互黏性。

航空业：为了将旅客重新吸引回“南航e行”，为了“会员日”营销活动不再宕机，扛过达到日均6.5倍的访问量、达到日均10倍的带宽消耗，南航上云转型，机票查询速度提升100倍。

第三章
平台化转型战略

平台能够快速崛起，第一个原因就是消费边的网络效应，越多人使用一个产品的时候，大家的效用都在增加；第二个是双边市场的概念，直接说来就是整合各方需求，形成一个无人能够达到的一站式消费解决方案，才能产生平台价值。

——菜鸟网络智行院院长，《平台转型》作者 **陈威如**

2009 年，美军的 3 大军事部门、4 大军种、9 个联合作战司令部各自为政，因具有独立的 IT 投资裁决权，所以长期以来拥有数量众多的异构 IT 系统，在 1.5 万个互不相连的网络上运营着 700 万台设备，既不安全也不高效。国防部长决定设立美国网络司令部，几万个系统最终艰难合并成为“联合信息环境”统一架构，覆盖所有通信设备，将舰队、潜艇、卫星、航天器、飞机、车辆、武器系统等各军事部门连入共同指挥控制系统，[1]该 IT 系统是今天大规模在线中台架构的雏形。10 年后，互联网级中台架构从阿里巴巴“双 11”超大规模全球商贸场景中脱胎换骨、脱颖而出，作为众多国内外企业实现全渠道营销管理、多元化业务集团协同、智慧城市跨领域精准指挥的技术撒手锏，基于

① 《美国国防部“防黑”之道》，《哈佛商业评论》。

应用中台、数据中台的“平台模式”为全球商业界带来了巨大机遇和无限空间。

2007年，在阿里巴巴战略会上，确定了未来10年的战略：“建设一个开放、协同、繁荣的电子商务生态系统。”第一个核心目标：把数据贯穿所有子公司业务，命名为集团的“奔月计划”；第二个核心目标：对外开放API，创造出一个前所未有的经济生态系统。今天，阿里巴巴、蚂蚁金服对外通过平台模式服务全球近10亿消费者，以社会资源满足社会需求，在线匹配供需；对内拥有中台模式，集团260多家子公司都存取统一数据集“One Data”，并通过一套数据服务“One Service”（日均调用次数37亿次）访问分析数据，所有内外部用户在淘宝、钉钉、高德地图、虾米音乐、优酷、淘票票、飞猪App背后都有统一账户“OneID”（日均ID映射次数2000亿次），这为阿里巴巴数字经济生态圈的飞速成长提供了最可靠的互联网级基础设施。

企业平台化转型的本质是服务平台化，位于产业升级“三浪叠加”的中期，增长速度压倒一切，在这个时期比的是在线服务的增长加速度，而不是线下规模。例如，资产规模庞大的中国银行业转向互联网金融服务的过程中，“离柜业务率”是重要考核指标，浙商银行、南京银行等地方性银行通过互联网核心平台线上推广，“换道超车”，迅速满足全国用户需求。而线下拥有全国支行网点的大型银行却转型缓慢，线下的规模优势反倒成为互联网金融的牵绊，备受年轻人喜欢的线上金融服务体验不佳、操作复杂，导致离柜业务率不高。本阶段智能商业“三元素”处于网络扩张期：

智能（Intelligence）：业务供需互相促进，逐步形成在线服务平台；消费者针对商品库、服务库进行搜索，挑选适合自己的产品服务；由于用户规模大、访问流量大，每天产生大数据战略资源。

协同（Coopration）：上下游供应商、合作伙伴的日常业务都在互联网中台上运营，以实时性、全局性、灵活性等优势取代离线版 ERP；由于数据透明、生态规则精简、议价成本极低，合作方在平台上形成全链条多边协同，平台模式一旦进入“增长黑客”的良性循环，所在行业甚至跨行业的先发优势将越来越大。

精准（Accurate）：全链路服务环节在线，线下进入体验场景，线上承担推广、交易、售后等核心属性，线上销量反超线下成为必然。这一时期，企业投入大量运营客服人员承担平台服务，但峰值计算带来的客服高峰会驱动企业进入下一个智能化转型阶段，企业开始利用智能客服机器人等手段解决海量需求，进行精准营销，全局来看属于人工 / 半人工管理的“高精度”。

“供需平台模式”升维实体经济

过去 10 年（2008—2017 年）是互联网行业的红利期。互联网的上半场是互联网自研技术、自创商业模式，利用数据技术降低合作成本、交易成本，高性价比吸纳社会海量资源从而形成半自动化的平台规模，以算法换人，将边际成本努力趋近于零，并维持边际收益不变，进而倒逼线下业态效率较低的产业链转型升级，这一时期的代表是“千亿美元俱乐部”。10 年前（2008 年）市值超过千亿美元的公司都被美国科技巨头囊括，而受益于中国市场经济崛起、消费升级、开明政策、工程师红利，中国的阿里巴巴、腾讯凭借零售金融平台、社交游戏平台，已经跻身美国互联网公司密集分布的TOP10[①]。

未来10年（2019—2028）是实体产业的红利期。互联网的下半场是实体企业分享互联网技术红利，在常年耕耘的行业领域内，运营起自己的行业平台、跨行业平台、O2O平台，科技创新赋能商业变革成为全球企业CEO（首席执行官）的核心工作目标，基于大数据储备[②]、丰厚的现金流、行业经验积累，利用人工智能、区块链、VR/AR等前沿技术，获得与互联网公司同样领先的战略竞争力。据《经济学人》分析，美国排名前20位最具价值的非科技公司，70%将数字化转型确定为公司战略。例如，迪士尼控股流媒体服务公司Hulu、收购21世纪福克斯，利用流媒体服务平台与网飞竞争；通用汽车投资Lyft共享出行平台，并押注研发无人驾驶电动汽车；英特尔以150亿美元收购无人驾驶汽车芯片和软件公司Mobileye；塔吉特收购电子商务公司Jet.com，沃尔玛大幅投入线上营销……在美国实体企业向平台模式快速转型的同时，中国成功升级到平台模式的企业各具特色。中石化在云上3个月搭建起工业品贸易平台易派客，吸引3.5万家优质供应商、11万家工业企业，两年平台上累计交易额高达902亿元，2018年迅速拓展全球工业贸易、供应链金融业务，沿“一带一路”出海；中国平安通过App平台汇聚2.65亿用户，在“医、食、住、行”等跨界场景

---

① 这10家公司是苹果、谷歌、微软、亚马逊、腾讯、脸书、阿里巴巴、三星、思爱普、维萨。

② 80%的行业数据蕴藏在实体企业的数据孤岛中，互联网级企业中台架构激活数据战略资产。

中提供金融相关服务。

当企业服务从线下走到线上之后，你所面临的最大挑战在于如何形成供需两旺的平台模式，先做供给侧，还是先做需求侧是 CEO 们面对的核心战略问题。淘宝网建立早期必须快速汇聚大量商品才能形成交易，所以连续数年免费开店扶持中小卖家，对抗盛极一时的易贝（eBay）平台，而后形成了“万能的淘宝”，覆盖海量长尾商品需求；滴滴出行、ofo、映客都是先做大社会车辆供给、内容供给，逐步吸引更多城市的消费者。而先做需求侧的平台企业也很多，例如 App Store（应用商店）先通过 iPhone 手机形成数百万用户群，再以付费下载的分佣机制吸引大量移动开发者，2008—2017 年共为以美国为主的全球开发者累计分佣 700 亿美元。领英在 2006 年通过 SEO（搜索引擎优化）渠道、邮件邀请用户把个人简历上传至网站，让谷歌搜索发现新增候选人，当企业人力资源负责人在谷歌搜索引擎上输入人名，点击结果页就能跳转到领英产品中。综合来看，已有用户池或强需求的情况下平台会先从需求侧起步，而需要超越同类供给侧服务的情况下，则必须从供给侧创新开始。

科技创新不是万能药，却是实体企业升级幸存到数字时代的“独木桥”。平台模式利用互联网覆盖全球市场，通过大数据洞察需求，采用人工智能提升效率与速度，从产业到科技的“逆向创新”合作越来越多。大型企业具有雄厚的资金、广阔的产业应用市场、待解难题较多、招募科技人才困难，而小型科技企业具有技术和人才优势，但存在数据不足、开发市场难、缺少投资等困难，如果两个生态圈实现供需匹配，则产销两旺。新加坡、中国等政府、企业发出产业难题的招标书，大量创业团队投标，正在加速“产学研用一体化”的产业升级。大型企业的“创新者窘境”，是下一代核心技术踏空、下一代商业模式踏空，只有通过大数据上云，抓住行业智能与平台模式，才能避免重蹈柯达与马可尼[①]的覆辙。

中石化：三个月打造“能源天猫”易派客

在主营业务发展已经达到相当规模时，大型传统企业如何实现业务的可持续增长，是长久不衰的商业研究主题。传统的理论认为，以现有自营业务和商业模式为核心，向新市场、新产品线拓展，是实现自然增长且风险相对可控的方式。然而，随着信息技术的急速发展、数据的爆发式增长以及摩尔定律的失效，传统产业经营者也必须考虑在原有自然增长的策略上，加速实现企业升级转型和业务增长，从而应对数字化时代带来的挑战。

诸多大型实体企业迫切希望平台化转型并长期寻求业务战略创新探索，中石化易派客无疑是一个成功案例。作为中石化打造的基于云服务的大型工业品交易电商平台，易派客在2015年4月上线后，8个月内交易额就突破了50亿元；2017年4月，中石化宣布易派客累计交易金额已达902亿元，并正式开通了国际业务平台。这意味着易派客不仅是中国最大的工业品电子交易平台，更将服务全球，成为中国“一带一路”倡议下促进工业贸易互联互通的有力举措。

---

① 克莱顿·克里斯坦森在《创新者的窘境》中提出企业创新战略，既要避免对科技发展反应滞后的“柯达模式”，又要预防激进投资非核心科技的“马可尼模式”。

除了惊人的交易数字，易派客在中石化内部也有着示范意义。借助易派客的技术经验，中石化之后迅速在化工销售、炼油销售等几大核心业务板块搭建了电商平台，在云计算平台上搭建了电商应用、客户关系管理应用、统一客服等专业云应用，确立了“平台＋应用”模式的云上整体架构，迅速推进集团数字化云上转型的进程。

显然，中石化以易派客为先导项目，成功开启了这个大型企业的云转型之路，而这背后的逻辑绝不仅仅是“线下到线上”或是“建了一个电商平台”这样简单。很多大型企业的云上转型之路表面与中石化方式类似，却走得磕磕绊绊。反复研究后，我们认为其成功的关键要素有两点：第一，跳出了传统拓展产品或市场的思路，以搭建开放的云平台为抓手，成功将原本不产生收入的内部核心竞争力（供应链管理）转化为商业价值；第二，借助技术外力，打造具备可扩展能力的商业平台，并在此基础上不断进行数据驱动的创新。

“云赋能”将企业内部核心竞争力转化为商业价值

众所周知，石油化工产品的生产链非常长而复杂。中石化作为中国最大的石化产品生产和销售商，是石化产品生产销售上下游一体化的能源化工公司，对资源需求巨大，范围覆盖了超过 60 个行业，且每个行业背后都有一条供应链支撑。因此，在长期积累下，无论是从议价、控货还是流程决策角度，中石化供应链的管理能力已经成为其核心竞争力之一。

在这样的背景下，能否将其内部核心竞争力释放到产业级别，成为对内实现业务增长、对外提升整个产业链效率的工具呢？云计算为这样的能力释放提供了一个极佳的技术赋能路径。借助云基础设施平台并在此之上建设相应模块，企业可以在短时间内以极低成本迅速搭建一个“试验田”，对内观测其对业务增长和降本增效的指标，对外迅速打通产业链，同时获取产业链供需两端的数据进而完成价值闭环。易派客是中石化对其供应链管理能力的产业级释放。根据企业实际状况的不同，类似的转化或先导项目也可能从其他核心竞争力模块开始，但无论从哪里开始，其基本思想是一致的：首先明确认知企业的核心竞争力，利用云平台将其效应扩大至整个产业，从而对内实现业务增长、效率改善，对外实现产业链价值的深入挖掘并形成闭环（见图 3–1）。

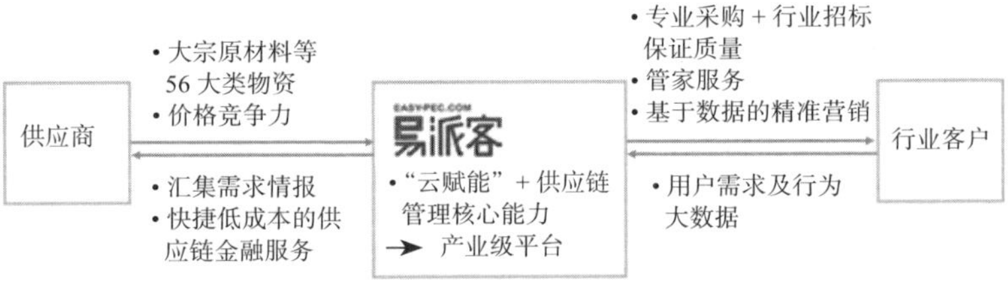

图 3–1　中石化易派客模式

资料来源：阿里云研究中心。

依托可拓展技术平台，持续进行数据驱动的商业创新

易派客建立了中国首个 S2b 新商业模式，由强大而灵活的云计算体系支撑，确保了业务拓展可以顺利迅速进行：以“厚平台 + 薄应用”的敏捷建设模式，打造共享服务中心，实现业务组件复用，从而极大降低开发成本和业务上线时间；实现数据在源头标准化及集中存储，满足跨应用数据共享的需求，从而实现了多平台数据协同效应，为基

于数据挖掘的增值业务打下良好基础。在技术推动下，中石化在易派客基础上成功进行了业务品类拓展和服务深度拓展，为大型企业集团级数字化转型示范出了一条清晰的路径。

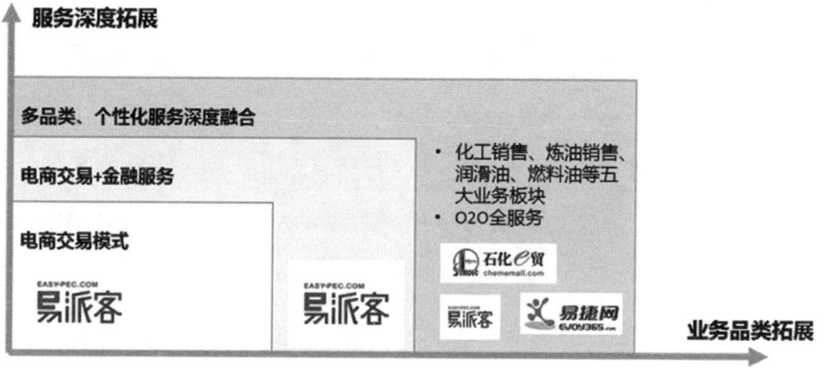

图 3–2　易派克数字化转型路径

资料来源：阿里云研究中心。

在实现了业务品类拓展和服务深度拓展的基础上，中石化能够借助强大的底层计算能力、高效灵活的中间件处理能力，拉通平台数据，彻底解决客户资源分散在不同销售板块的问题，集中各业务板块的客户数据、交易数据、行为数据等信息，开展多维度大数据分析，为未来支撑跨板块、多渠道精准营销、交叉营销，进一步提升客户体验打下基础。

中石化为传统企业数字化转型提供了一个成功的范例。可以想见，在云计算、大数据的推动下，更多的商业模式创新、更完善的客户体验不仅会在2C商业不断涌现，在中石化这样传统大型企业也会开花结果，为我国供给侧改革和产业结构升级助力。

微博：流量洪峰弹出千台服务器

微博研发中心启动的混合云项目，在2017年春晚保障中，用不到一天的时间完成了近5000台服务器的部署上线，帮助微博实现了在历史流量峰值的情况下整体服务无降级的成绩。在这期间微博与阿里云通力合作，克服各种困难，完成跨公司级全国最大混合云项目建设。今后，微博与阿里云在已取得成绩的基础上，将全方位、多方面地深入合作。期待双方在接下来的合作中取得更大成果。

——2017年“云栖奖”获奖人，新浪微博研发副总经理　杨卫华

“移动互联网”时代的战略变革

2013年左右，微博曾经历了移动互联网时代的谷底，那时微博的定位更像是社交平台，但是微博不如微信表现得出色。微博在低谷期做出一个大胆的决定，放弃微博的“强社交”属性，基于用户兴趣向垂直领域扩张，将微博定位成中文社交媒体。微博CEO王高飞曾经在采访中将微博的二次创业概括为“微博下沉，用户上浮”。

在新战略的指引下，微博开始了新一轮的业务创新，加入了九图、视频和直播功能，放开140字的限制，逐步发展为一个集文字、图片、视频、直播于一体的综合性内容平台。除了传统的大V，各个垂直行业也不断有一些中小V成长起来，比如时尚、美妆、旅游、股票等。到了2017年，微博大约有55个垂直领域，阅读量超过10亿的约有45个。

新的战略定位带来用户活跃度以及内容的爆炸式增长，对计算和存储等 IT 资源的需求产生了指数级递增，传统的 IT 技术能力面临严峻挑战。

新的业务战略很难依托传统 IT 架构落地

2015 年 5 月 29 日上午，李晨在微博发了一张和范冰冰的合影，创造了多项互联网纪录：1 小时转发、评论和点赞总数超过 140 万，2 小时阅读量超 1000 万。面对短时间内冲高数倍的流量洪峰，技术团队使出浑身解数，效果仍不理想。

通过该事件的复盘，技术团队将这种挑战总结为“无预期的突发极端峰值流量”，这就要求 IT 系统时刻都能够支撑一场像“双 11”一样的业务洪峰。除了突发性，还有一个特点是流量洪峰持续时间短，因为热点事件一般会在几个小时内降温。而每年的春晚、红包飞等活动则会让业务流量在当天保持高水位。

对于微博来说，最理想的解决方案就是，在十几分钟内完成上千台服务节点扩容，几个小时之后又可以释放这些服务节点，免去后续的维护成本。然而传统 IT 部署和扩容时间、运营成本离这一要求相去甚远。

混合云架构支撑业务创新如丝般顺滑

因此 IT 部门开启了寻找新的解决方案之旅。项目团队考察了多家国内外云厂商，综合考虑了技术实力、机器数量、服务品牌等因素后，决定与阿里云合作，提出了建设基于 Docker（一个开源的应用容器引擎）的混合云平台 DCP 的设想。

经过双方团队几个月的昼夜奋战，基于 Docker 的混合云平台 DCP 交出了一份满意的成绩单：在 2016 年的春晚，实现了 15 分钟内 1000 台以上阿里云 ECS 服务器（16 核 16G 或者 16 核 64G 高配）的全流程扩容，成功扛过了 2016 年春晚的流量高峰，实现了全网 182 亿次的"如丝般顺滑"的阅读体验，并支持了 8 亿次红包领取。国内社交媒体史上最大规模的混合云诞生。

在此过程中，项目团队还完成了自动化运维实现弹性扩容的平台建设。混合云维护能力完成了从手工化、自动化到智能化的升级。对于突发的流量洪峰，能够实现智能感知和预警，自动申请云服务器、初始化、服务部署，然后引入流量洪峰；智能感知洪峰过去后可以自动释放服务器和关机，节省了运维人力，减少了人工操作的出错率。

此后双方不断拓展合作领域，从最初的内容分发网络合作，到目前微博已将红包飞、手机微博、广告、搜索、话题、视频、直播等多项业务全部架构在阿里云之上。

互联网行业特色的云上创新之路

经过几年的耕耘，微博实现了华丽转身。2017 年全年财报中，微博再一次用超预期的财报数据表明，这家全球最大的中文社交媒体平台继续处于高速增长期：2017 年 12 月的月活跃用户数（MAUs）较上年同期净增约 7900 万，达到 3.92 亿，并在 2017 年第一季度首次超越了推特。能取得如此佳绩，其背后基于混合云架构的 IT 技术创新功不可没。

新的混合云架构具备快速部署和成本优势，可以让新业务、新模式的创新没有后顾之忧，创新的速度、效率大增，试错成本降低。至此，微博探索出了一套极具互联网公司特色的云上创新路径。

高价值的互联网创新生态圈必须具备平台模式的三大特征，即数据智能、网络协同、精准行业。微博从精准行业发力，通过混合云创新实现了IT资源的网络协同，正在数据智能领域开辟新的战场，让我们继续期待微博即将开创的互联网企业“云上智能”新时代！

中国邮政：云巅拥抱“双11”包裹洪峰

中国邮政是关乎民生的大型国有企业，依法经营各项邮政业务，承担邮政普遍服务义务，在全国各省、自治区、直辖市，各地市、县设置邮政分公司，主要经营业务包括国内和国际信函寄递业务、包裹快递业务、报刊图书等出版物发行业务、邮票发行业务、邮政汇兑业务、机要通信业务、邮政金融业务、邮政物流业务、电子商务业务、各类邮政代理业务与国家规定开办的其他业务。在世界500强中排名第105位的中国邮政，已逐步发展成为治理规范、管理科学、运营高效、服务优良、拥有知名品牌和显著竞争实力的大型现代服务业集团。

伴随我国电子商务产业的繁荣发展，2015年全国快递业务量突破200亿件，2016年突破300亿件，这为中国邮政主营的寄递业务带来了巨大的机会与挑战。邮政信息网覆盖集团以及省、市、县、支局各级机构，成为邮政生产的中枢神经网络。从2015年开始，邮政寄递业务量增长极快，信息化面临严峻的挑战，主要表现在以下几个方面。

超大规模业务量不堪重负：超大规模业务量遭遇传统 IT 架构天花板，企业服务总线（ESB）不堪重负，邮政系统每天 10 亿量级的服务调用，几十亿次数据库读写操作突破了传统 IT 架构的处理能力。

业务高峰能力不够：电商高速发展形成的业务高峰，对弹性计算提出了极高要求，电商大促造成超过平时业务量 5~10 倍的业务"洪峰"，例如 2015 年"双 11"是平日负载的 7 倍以上，对系统峰值处理能力提出了极高要求，然而如果按照峰值业务量部署资源，又会造成平日资源利用不足的极大成本负担。

紧耦合封闭产品体系：集中化系统与邮政业务灵活性、开放性之间的矛盾，例如寄递业务衍生出快递、落地配、仓配一体化、同城等多种模式，现有信息化产品在激烈竞争的互联网时代面临客户流失的巨大风险，当前集中化建设的系统群在满足地区个性化业务运营需求上存在较大挑战。

IT 建设速度慢：在传统的硬件基础设施上构建的系统，高强度、低效率的人工管理模式，无法支撑"互联网 + 邮政"创新型业务快速灵活的变化，配置应用系统所需的计算、网络、安全资源需要大量管理员操作，费时费力、效率较低。

复杂业务运营难度高：依靠人的经验决策，已不再适合复杂业务运营环境，在超大规模包裹数量、复杂运输环境、效率最优和成本最优等多目标优先的设定条件下，人工经验无法高效做出支撑精益运营的正确决策。

经过一年多探索、研究后，中国邮政决定上云，采用企业级互联网架构支撑高并发、高吞吐的核心业务增长，启动新一代平台项目，创新性提出“三新三化”科技发展战略。

三新。（1）把握新趋势（信息化发展）。以移动互联网、物联网、大数据、云计算为代表的新一代信息技术正驱动着经济形态从工业经济向信息经济加速转变，中国邮政提出了“信息化引领的科技兴邮战略”。（2）开拓新思维。以互联网思维、客户为中心的理念引领邮政信息化发展。（3）应用新技术。重点加大SOA（面向服务的架构）、云计算、大数据、移动互联网、物联网等先进技术群的探索研究。

三化。（1）计算资源“云化”。建立邮政信息资源私有云，改变竖井式的IT资源管理模式，实现硬件资源、运行平台和应用软件等IT资源的集中共享与动态调度。（2）信息系统“平台化”。运用平台化的理念整合原有分散、孤立的信息系统，消除信息孤岛，实现邮政主体业务应用的有效融合和信息共享。（3）软件开发“敏捷化”。建立以客户为中心的迭代、循序渐进的敏捷化软件开发体系，不断交付新的软件特性，快速响应客户需求。

从2015年起，中国邮政启动了云计算平台的探索研究，通过大量的交流和实地考察，对各类云平台产品进行了充分测试和研究。以阿里云为代表的互联网云架构的解决方案，在IaaS（基础设施即服务）层虚拟化基础上，应用、中间件和数据库全面采用分布式技术，提供企业级分布式应用服务架构能力，支持高并发、高可用、弹性扩展的企业需求。同时，此类产品已经在互联网公司经过了大规模的应用，功能完备性、性能、可扩展性、稳定性等各个方面都表现较好。之后通过公开招标，中国邮政在对多家国内外主流云计算厂商对比选型后，确定采用阿里云构建邮政私有云平台，满足新一代寄递业务等邮政核心业务平台建设的需要。

在阿里云上建设新一代寄递业务信息平台项目中，邮政技术团队与阿里云团队在一起摸爬滚打，全面引入互联网业务经验、关键技术能力，持续改进客户服务与体验。

（1）以客户为中心：全流程梳理邮政业务，实现客户服务与生产作业的无缝衔接，同时加强业务的规范化和标准化，根据数据化经营理念，量化各项业务能力，持续改进和优化邮政业务能力。

（2）厚平台、薄应用、微服务：采用服务化理念，架构新一代寄递业务信息平台、微服务解耦业务系统，开发“厚平台”和“薄应用”，形成邮政共享服务中心，提高系统的柔性和扩展性，既保持平台统一性，又能更好适应前端客户业务的灵活性，敏捷响应业务需求，加速业务创新。

（3）决策数据化：用数据做决策，取代人工经验决策。云上构建PB级大数据分析平台，打造智能寄递数据产品，以数据为依据优化生产资源调配，追求客户满意度和成本收益最大化。

（4）采用PaaS+IaaS：构建具有良好开放性、扩展性的云平台，夯实底层技术，为厚平台、薄应用提供坚实的技术基础，为上层应用提供优异的弹性计算能力。支持业务服务化的落地，满足业务的柔性需求，增强数据扩展能力，满足合作伙伴多方式接入。

从传统IT架构升级至企业级分布式互联网架构后，有效解决长期困扰中国邮政的IT历史遗留问题：

（1）通过去“中心化”架构设计，克服企业服务总线瓶颈。

（2）应用集群化设计，应对超大规模业务处理负载。

（3）云上实现敏捷开发，快速迭代。

（4）采用高可靠性架构，消除宕机对业务连续性的影响。

（5）面对峰谷压力，自由弹性伸缩，分布式数据库消除数据读写瓶颈。

（6）无缝集成服务监控、高效的问题诊断与服务计量。

中国邮政大胆尝试核心系统飘上云，让“新一代寄递业务信息平台”具有了诸多先发优势：

（1）以客户为中心驱动业务流程：借鉴菜鸟业务实践，以客户为中心全流程梳理业务，由业务需求驱动作业流程。采用数据化经营理念，持续改进和优化业务。

（2）标准化核心作业流程：以产品生命周期为主线，从前端业务受理到后端作业处理，打破环节间壁垒，统一规范寄递生产作业流程，提高作业效率，打造一体化的寄递业务信息平台。

（3）柔性化的服务支撑：以服务化理念架构信息平台，解耦业务应用和信息技术平台，敏捷快速响应业务需求，促进业务创新，满足个性业务扩展。

（4）智能化分析作业各环节：采用自动化技术智能管理云基础设施，采用大数据技术智能分析业务各环节，智能优化物流网络，支持供应链金融、风险管控、效益分析等。

（5）开放的技术架构：借鉴淘宝共享服务中心建设经验、OpenAPI 技术，搭建企业级开放服务平台，制定标准的服务接口，满足合作伙伴多方式接入，逐步形成邮政生态环境。

（6）高性能水平扩展的分布式技术：采用阿里云基础设施，为上层应用提供高性能的弹性计算能力。

中国邮政的系统架构，不只是技术上的创新探索，更是对系统整体的管控模式、交付模式、运维模式的变革。石纯斌说："根据邮政20年信息化建设经验，在上云项目过程中摸爬滚打、锻炼沉淀下来的人才，都是中国邮政的核心精英。超过200位邮政骨干参与新一代核心系统上云工程项目建设，是最好的人才培养方式，在解决实际问题中增长才干，并通过对外引进有识之士、长期内部培养邮政信息化人才，形成人才梯队。"

中国邮政通过业务核心系统上云，实现全国系统大集中，但与此同时，各省大量IT组织资源释放出来，以往负责各省系统建设的工程师，在总部一揽子云平台后该何去何从？架构调整反映组织调整，在"厚平台、薄应用、微服务"的架构中，全国中心搭建企业核心软硬件资源库，构建统一的、标准化的核心业务服务平台，并应用SOA理念向各省信息技术队伍开放；省里的技术力量在平台化基础上，利用微服务组装形成各具特色的个性化应用服务，采用"统一平台＋分省应用"模式让一线IT组织灵活满足一线业务发展需求，并将各省在云上开发的微服务应用转化为全国标准化产品，既保持平台统一性，又能适应前端业务的灵活性。

在全面采用互联网基础设施后，中国邮政十分重视前沿科技应用，十三五期间促进信息化引领科技战略，加强高新技术前瞻性、前沿性研究，聚焦邮政核心优势，提升邮政整体信息科技水平，除建设PB

级大数据仓库、云计算平台、分布式中间件以外，还在研发利用图像识别技术实现智能化分拣，利用机器学习技术实现物流网络调度，利用物联网技术实现寄递平台全过程自动化（取代手工操作），提高生产效率。与国外快递行业创新相比，中国邮政丝毫不逊色，在生产过程中尝试采用无人机、机器人提升业务自动化与智能化，通过新技术群应用不断促进邮政改革创新、转型升级，建成世界一流企业。

特步：云共享服务，激活“全渠道营销”

传统服装行业近十年的转型升级充满挑战与创新。伴随 2008 年全球金融危机突然爆发，体育行业首当其冲遭受第一波冲击，随后遭受第二波冲击的是男装、皮鞋生产商，而 2014 年的移动互联网带来第三波冲击，席卷了女装、女鞋、体育用品、男装、男鞋的品类市场。移动电商创造出崭新的消费入口，传统线下渠道面临“天罗地网”的多渠道选择，很多企业在传统商业模式中煎熬、苦苦支撑，而特步、太平鸟、凌致、GXG 等品牌则利用转型涅槃重生，越活越好。同样是服装行业，为什么有的同行感受不到趋势和变化？这取决于品牌商是否真正了解消费者：衣食住行，穿衣穿鞋排在第一位——“民以衣为先”。

“金融危机”时代对社会大众影响深远，消费者趋于理性购物。而互联网科技完全改变了消费行为、消费体验、消费服务，个性化消费、增值服务、跨界竞合愈演愈烈，尤其是移动电商、移动支付重塑了整个服装行业的商业模式。在个性化消费需求倒逼大品牌商紧迫转型的同时，小众品牌、草根品牌也不断分流消费者，致使服装企业运营成本不断提升，特别是人力成本提升幅度最大，企业造血功能减弱。从需求侧来看，大部分传统服装企业由于对市场大环境变化缺乏敏感性，对消费者变化反应迟钝。而在供给侧，传统服装行业产业链分工复杂，线下资源协同难度大、效率低，大部分企业依靠模仿、抄袭，缺乏创新能力，因害怕变革失败形成“温水煮青蛙”的煎熬心态，宁愿在温水中慢慢死去。由于传统企业中普遍缺失互联网思维的创新型人才，导致在移动购物冲击中，线下店全线崩溃，缺乏应对措施。在工厂端，管理数字化、运营网络化的综合集成度偏低，缺少强大信息化、网络化、数据化的工具平台支撑，绝大部分企业还是依靠老式的经验、制度等“人治”方法。综合整体产业状况来看，大部分传统服装企业出于种种主客观、内外部原因，缺乏清晰有效的转型战略，走一步算一步，活一年是一年。

面对同样的市场挑战，特步以消费者体验为核心，旗帜鲜明地提出“3+”创新战略：“产品+”，让产品升级换代；“体育+”，将产品及服务融为一体；“互联网+”，因应生活方式趋势，线上线下充分互动。注重专业性的同时，特步创新“体娱营销”双轨制，先后签约谢霆锋、TWINS、潘玮柏、蔡依林、桂纶镁、韩庚、天天兄弟、李易峰、林珍娜、UNIQ、杜天皓、汪东城、赵丽颖等多位当红艺人，传承并巩固品牌时尚调性。

正如马云提出以“五新”（新技术、新资源、新制造、新零售、新金融）重构商业模式，特步通过“3+”战略实现新零售三大业务转型升级：

1. 从“以订单为中心”向“以消费者为中心”转型

传统服装企业运营围绕订单开展，即“工厂—营销—消费者”模式（简称 M2B2C），靠经验“人治”，所以管理粗放，由于不同品类“订单壁垒”导致渠道整合能力差，欠缺数据挖掘能力、数据应用能力；另一方面，新零售型服装企业以消费者为中心重构服务运营体系，精细化、体系化数据化管理，以消费者为牵引构建全渠道服务能力，依靠大数据实时洞察消费趋势变化，在线调控库存供销资源，利用云数据能力支撑企业与市场同步的高速变革。

“以订单为中心”和“以消费者为中心”是两种完全不同的运营模式、运营思维，每一家服装企业在转型过程中都会面临员工意识思维转变难、业务转型变化难、职能支撑体系构建难几个现实问题。因为构建以消费者为中心的运营服务体系将是打破很多利益分配格局的一场变革，需要把供应商（生产 + 服务）整合在一起，需要管理变革、IT 变革、思想变革，转型难点如下：

流程重组：多品牌整合、拆分，涉及流程重组、组织调整、系统重构的任务量、复杂度较高，传统应用系统按照紧耦合、烟囱式建设，拆分、整合业务意味着重构系统。

渠道整合：线上线下业务全渠道整合，涉及销售、物流、生产、采购、订货会、设计、研发全周期业务流程、组织拆分整合，应用系统升级难度更大。

管理升级：终端业务线上、线下业务需求变化大、需求多，难以及时满足业务需求，优化提升业务管理时间周期长。

2. 从“门店营销”向“全渠道营销”转型

传统商业模式以货品为中心进行管理运营，商品渠道形式单一，消费者与品牌商之间存在一道不可逾越的“渠道鸿沟”，中间环节越多，消费者就被推离品牌商越远，大型品牌会逐步远离消费者，最终丧失消费需求敏感性，走向“创新死”“库存死”的结局。而特步在云端打通移动互联网与线下各个商业渠道，形成“天地融合”的全渠道模式，背后是跨渠道账户体系对接、跨业务线数据融通、前中后台系统矩阵整合，持续改造中推进线上线下“统一用户体验”。

3. 从“流程型系统”向“数据型平台”转变

一切业务流程的规划设计以顾客为中心，组织、流程整合拆分要基于服务顾客的原则进行优化，流程要围绕顾客实现端到端可视化管控，才能实现业务预警与快速反应。强力推动大数据体系建设与数据开发利用，保证企业变革以数据为支撑，用数据指导业务优化调整。通过构建“业务共享服务中心”（“技术 + 业务”联合体），打穿产业链上下游企业、内部各独立业务线全局资源，以流程可视化、数据服务化、运营网络化这只“无形的手”构建数字化企业。

传统零售制造业面临消费习惯变迁、商业模式升级、成本增加的巨大压力，而“互联网 +”、工业 4.0、移动互联网、云计算、大数据、人工智能推动所有产业快速变革，所以每一家企业都在寻找 DT 时代的创新模式与转型定位。特步制定业务转型战略目标，围绕“互联网 +”、运动回归、新零售渠道打造核心竞争优势，在设计创新、订货模式创新、生产供应创新、物流创新、营销创新基础上，兼顾当前批发业务模式，力求新零售华丽转身，重新规划下一代网络信息平台建设，IT 组织的角色与使命随需而变。

在传统渠道状态下，公司销售触点的运营和管理处于割裂状态，每个利润中心各自为政，呈“军阀割据”态势，每个系统开发平台、数据库都不相同，若想实现全渠道销售模式，必须完成“6个一体化”：商品一体化、订单一体化、库存一体化、会员一体化、配送一体化、结算一体化。而最难的就是跨渠道系统的数据整合。跨系统融通数据成本高昂，复杂架构的应用改造风险大、周期长。

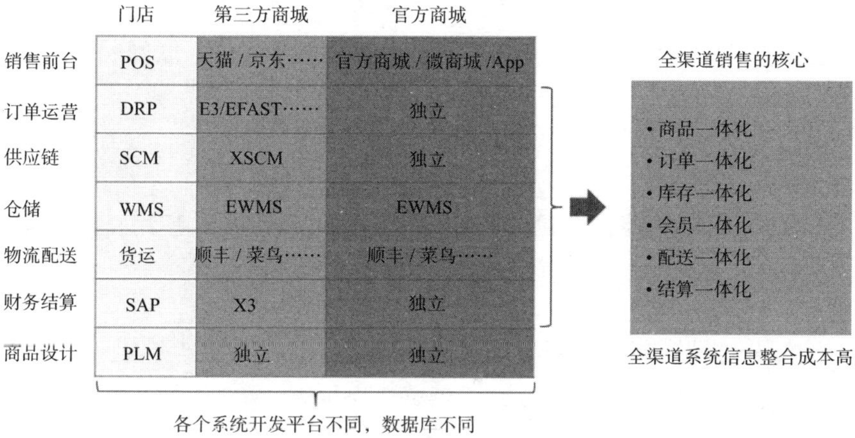

图 3–3　全渠道系统的高度一体化

图片来源：阿里云研究中心。

在商品销售的所有环节都要实现“数字化”“在线化”转型，通过构建特步 O2O 全渠道业务经营体系，与消费者建立连接，才能参与到核心业务战略升级中。

为寻找“6 个一体化”和“O2O 全渠道业务经营体系”的有效解

决方案，特步与阿里云根据业务转型战略需求，定制设计出“特步共享服务中心”。将不同渠道的类似功能在云端合并、标准化、共享，衍生出全局通用的商品中心、店铺中心、库存中心、评价中心、人员中心、订单中心、营销中心、数据服务中心。不论哪个业务线、哪个渠道、哪个新产品诞生或调整，IT 组织都能根据业务需求，基于共享服务中心现有模块快速响应，打破低效的烟囱式应用建设方式，吸收互联网架构原则，设计线上线下松耦合云平台架构，不仅彻底摆脱了 IT 拖业务后腿的顽疾，灵活支撑业务快速创新，而且将全渠道数据融通留存在共享服务中心平台上，为数据化决策、精准营销、统一用户体验奠定了良好的网络信息基础，让特步真正走上了“互联网 +”的快车道。

特步为什么选择云架构？因为云平台具有安全性高、节能效果好、成本低、部署快捷、IT 建设难度低、业务需求响应快、应用开发快速迭代等显著优势。

为全渠道营销框架规划设计企业级互联网架构，要求更加敏捷化、轻量化、松耦合、横向可扩展、资源开放共享。特步以阿里巴巴企业架构为参考框架，形成共享服务中台，从架构层具备互联网弹性支撑能力，从而保证跟上新零售业务的快速互联网化。

企业架构的全面转型升级，必须兼顾当前业务的平稳运行。特步传统业务运营带来的协同难度并不低，从战略管理、商品管理、供应链管理、渠道营销、产品季运营管理、品牌管理，到人力资源管理、财务管理、行政管理、信息管理、风险管理、流程与知识管理、企业文化管理，都要随业务战略同步升级至互联网平台模式，进而在“互

联网 + 新零售”市场中拥有人无我有的核心竞争力。

贯通线上线下全渠道的新零售商业模式，越来越重视客群个性化需求，消费者正在广泛参与到研发、生产、营销、销售、服务等所有关键业务环节中。企业从以往的“单一用户销售界面”突然面对“全渠道营销交互”，从 B2C 模式变为 C2B 模式，才是真正以用户需求、用户体验、用户创意为中心。在企业级互联网平台架构基础上，特步逐步建立起互联网用户管理能力和商品管理模式。

传统零售供应链长期存在协同问题，营销过程中的需求变异放大现象被称为“牛鞭效应”，即供应链上的信息流从最终客户向原始供应商端传递时，由于无法有效、实时地实现线下信息共享，使得信息扭曲而逐渐放大，导致需求信息出现越来越大的波动。牛鞭效应是市场营销活动中普遍存在的高风险现象，它直接加重了供应商的供应和库存风险，甚至扰乱生产商的计划安排与营销管理秩序，导致生产、供应、营销的混乱。解决牛鞭效应难题将显著增加供应链隐性管理成本。而在企业级互联网架构的云端，供应链各环节数据实时在线进行分析、监控、预警，从消费者到供应链每个环节都能够实现信息透明共享。正如“双 11”中数据驱动的产供销一体供应链，让客户放心、企业安心。特步基于共享服务云中心构筑起柔性供应链，利用云计算技术，以全局大数据采集、分析、应用，一举解决信息对称问题、定制化生产问题，提高了供应链管理精准度，在云端共享上下游供应商产能、库存，压缩供应链时间，削弱牛鞭效应，降本增效，利用移动互联网、物联网解决生产制造与物流需求。

在实现特步新零售业务的创新变革过程中，移动互联网对传统的企业架构提出新的要求，围绕产品元素创新、营销渠道创新、服务能力创新推进“对外推广体系互联网化”，围绕OA（办公自动化）、ERP、商机分配、销售辅助等流程优化推进“内部运营体系互联网化”。从互联网到移动互联网，从封闭竞争到开放协同，特步整体规划、边学边干、重点突破、逐步整合，最终依靠互联网创新从同业竞争中脱颖而出。

特步“新零售云”通过“基础设施云”实现弹性计算，依托“应用平台云”上的共享服务中心具备了大数据“存通用”能力、数据经营决策能力、非技术资源协同管理能力、企业服务总线能力，助力“业务服务云”实现了全渠道业务服务门户、供应链专有业务服务、公共业务服务和公共管理服务等诸多功能。

特步CIO唐坤军认为，“云开雾散，拥抱变革；移动应用，高效协同；数据洞察，领先一步”的转型原则，帮助特步IT组织更懂管理（两化融合框架，互联网框架，ITIL，PMP）、更精业务（企业战略，业务运营框架与流程，数据分析）、更熟IT（IT蓝图，IT应用），从以前业务拖着IT跑，转型到IT创新业务、变革业务的云栖之路上。

华大基因：云计算“撬动”大基因

中美两国均已启动“精准医疗计划”，在这个千亿美元的蓝海市场中，基因技术持续推动精准诊断、精准治疗产业链的蓬勃发展。两国上至政府，下至企业，都在利用云计算、大数据等普惠技术加速基因医疗服务。美国谷歌云正在与遗传数据机构合作研发“谷歌基因组”

项目，打造遗传分析云服务，Broad Institute 遗传研究中心、哈佛大学、麻省理工学院都参与其中。在中国，以华大基因为龙头的基因产业群，在阿里云上开展数据研发、医疗服务、生态合作，利用基因科技造福人类。

1999 年，伴随“国际人类基因组计划”中国子任务启动，华大基因正式成立，先后完成国际人类基因组计划中国部分、国际人类基因组单体型图计划、第一个亚洲人基因组图谱“炎黄一号”、水稻基因组计划、大熊猫基因组计划等诸多具有国际先进水平的基因组研究工作，并借助互联网平台迎来了新的发展机遇。

2015 年 10 月，华大基因、阿里云、英特尔在第十届国际基因组学大会上宣布联手启动搭建亚太首个精准医疗开发平台。2016 年 4 月，华大基因基于阿里云计算平台部署的“BGI Online”服务产品正式上线，堪称基因行业的“云应用市场”，也是中国自主研发的大规模生物信息分析云平台。华大基因研究院院长、首席科学家徐讯表示：“BGI Online 将会吸引第三方应用开发者和数据分析服务厂商，将他们的应用整合到公共平台中，最终打造成为类似苹果的 App Store。”在这个基因应用市场中，华大基因的测序仪类似于一部智能手机，用户可以到 BGI Online“下载”各种官方或第三方应用，进一步开发自己的数据解读和分析系统。BGI Online 将在后续版本中引进第三方应用开发者和数据分析服务商。

随着生命科学领域数据爆炸式的增长，如何及时获取、快速分析、安全储存这些庞大的数据是研究者们亟须解决的问题。BGI Online 就是为此而生，它集成了高性能计算、大规模存储及安全网络互联等基础设施，支持数据的云端存储、分析、展示和交付。用户可以在 BGI

Online 上访问自己的数据，获取标准分析结果，也可以定制个性化的数据分析方案，并与其他授权用户分享数据和成果。

在基因行业，云计算与边缘计算相辅相成。华大基因研究院副院长、信息技术中心主任方林介绍，除了基于云端的平台，华大基因也在开发整合硬件软件技术的 BGI Appliance 一体机，通过一体机与 BGI Online 的互动，为用户提供更加丰富的体验。值得一提的是，依托阿里云的弹性存储和计算优势，BGI Online 不但可以满足基础科研、作物育种及临床应用等不同应用场景和模式对数据处理、存储和传输的需求，还通过使用一系列先进的数据技术，满足 HIPAA 法案等行业安全条例的要求。同时，使用内资服务器存储和分析敏感的基因数据，更加符合我国《人类遗传资源管理办法》的规范。简洁易用的界面和高度安全的特性，使医生和研究者们可以把管理数据、硬件维护等繁杂的工作交给 BGI Online 和阿里云，从而更专注于他们要解决的科研和临床问题。

这意味着，对于科研院所、医疗机构及中小型基因行业创业公司来说，只要拥有基因数据，不必自建和维护昂贵而复杂的计算、存储平台，通过 BGI Online 便可以解码神秘基因背后的奥秘。全球最大的基因组学研发机构华大基因打开了基因行业这扇神秘大门，让基因行业变得触手可及。

华大基因的足迹遍布全球 50 多个国家，业务覆盖科技、健康、农业等多个领域，为全球伙伴提供测序服务。由于业务需求，华大基因的产业布局具有地域分布式特点，目前业务架构在全球划分为中国内地、亚太、美洲、欧洲、港澳台、日本六大板块，中国内地又分为华北、华南、华中、华东、西北五大片区。各片区依托华大基因先进的测序和检测技术、信息分析能力、生物资源、多学科结合的生物科研体系。同时，华大基因的业务服务还具有天然的在地服务属性，需要为当地的科研工作者提供生物研究服务，为当地民众提供生物科技在医疗、农业、环境等领域的应用服务，特别是疾病检测与防控等方面需要与当地医院合作，提供快速便捷的接入式服务。

基于上述核心业务场景，华大基因建立起了以数据汇聚为驱动力，数据、智能和服务协同的方式，我们将其称为“飞轮模式”。在该模式中，通过云计算大数据平台，对海量的数据样本进行采集、存储与分析，指导业务分析，形成充分的商业智能；通过商业智能，优化分析结果，通过运营与商务模式，形成新一代医疗卫生服务；将服务通过与医院等机构的合作进行输出，应用到具体案例中，进一步积累数据与案例资源。各关键环节迭代促进，形成正相关。

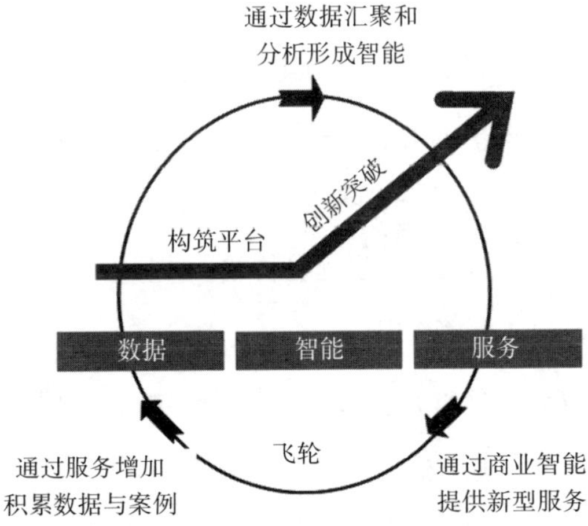

图 3–4　华大基因的飞轮模式

图片来源：华大基因。

在飞轮模式中，起点即为对数据的汇聚。对于基因数据传输来说，以往的传输方法非常落后，时间很长，很多情况下采用“移动硬盘邮寄”的方式来传送基因数据，这不仅延长了时间，对数据的安全性方面也造成了一定的隐患。而阿里云提供的云服务便可以很好地解决这个问题。其中，专线内部数据高速上传、互联网 BGP 高带宽可供全球客户高速、安全地上传基因数据。

华大基因尝试过基于天津和广州的超算模式，后来逐步走向云计算。对于华大基因的专家来说，超算和云的区别：第一是数据是否在线；第二是只作为科研，还是对外提供全方位服务。在云平台上，对自己的业务体系可以清晰地划分人员职责，支持对数据处理以及中下游的解析，还可以区分不同的权限，并快速向客户进行交付。对同一份数据，不同的小组需要协作，通过制定流程描述，可以在本地和远程共用。上云以后，受益于云端海量的计算资源，计算任务的排队等待时间大大缩短。目前，在华大基因内部，本地的边缘计算、云和超算，三种模式并存。目前在云上的业务，主要应用于对交付时间有要求、对多地共享有要求的业务。对于有需要的医疗机构，可以构建专有的基因数据分析平台，为不同的医院搭建属于自己的流程。对于倾向于本地处理数据的医院，可以通过构建一体机，在本地为医院服务，一体机和云通过协同发挥作用。

基因组大数据的分析和解读需要大规模计算资源做保证，与此同时，基因数据需要长期保存，为以后的分析、新型药物研发等提供数据支持。目前很多基因组研究机构通过购买大量的服务器建立自己的机房，来提高数据分析和存储能力。然而，由于基因数据经常是阶段性的产生，在实际运行中很多服务器处于闲置状态。另外，服务器都具有一定的使用年限，期限一过将进行报废处理。除此之外，场地、维护人员以及电费等也需要消耗大量的财力和物力。如何经济、高效地解决基因大数据分析和存储，是很多机构面临的首要问题。BGI Online 采用的阿里云弹性数据分析平台可以实现计算资源的弹性扩展，同时方便部署基因数据分析工具，完成对基因组数据的分析和解读，无须提前准备计算资源，在没有计算任务时也无须花费额外的成本支出。这样便很好地解决了上面这一系列的问题，使从事基因组研究及应用的个人或机构以极低的成本顺利完成大规模基因数据的处理工作。

华大基因认为，云和大数据是很天然的结合。例如，搭建在阿里云上的 BGI Online 2017 年曾在 24 小时内完成了 1000 个人全基因组外显子数据的分析，创造了基因数据分析的"深圳速度"。如果使用自有设备，设备固定，经常必须等待计算资源释放。对于基因计算这种数据和计算双密集的工作，对底层性能要求非常高。通过互联网技术，使得计算更加高速、可以面向复杂场景进行深度学习的机器代替人从事了大量工作。从这个角度看，基因计算与互联网领域具有很高的相似性，或者说，基因领域天然具有互联网基因。

BGI Online 产品负责人金鑫表示，阿里云在云计算、大数据领域有丰富的经验和积累，能够满足华大基因在数据处理、隐私安全保护以及传输方面极为严苛的要求。目前华大基因在生育健康、肿瘤防治等领域的众多分析流程已经可以在 BGI Online 上运行。今后华大基因将携手阿里云进一步开发和完善 BGI Online 产品，为全球研究者和用户提供更便捷、更安全的服务。BGI Online 团队也将不断引进云计算、大数据、生物信息等方面的高水平人才，不断打磨更高质量的产品。

阿里云为华大基因提供了全线的云服务产品，并且针对BGI Online平台特点在项目改造迁移中提供了强有力的技术支持和运维保障。BGI Online平台通过阿里云提供的混合云部署模式很好地解决了华大内部客户高速、低延时的数据传输需求。通过阿里云节点提供的多线BGP接入，满足了全球客户高速访问的需求。同时，低成本的数据存储、弹性数据分析计算平台都很好地解决了华大基因的业务需求。

BGI Online平台的成功迁移证明了阿里云在生命科学领域的产品支持已经达到世界领先水平。借助最先进的云计算技术，BGI Online使得生物信息分析和数据管理能力变得更容易获取，极大降低了平台用户和华大的基因数据分析成本，为即将到来的基因大数据时代提供了高质量的基础设施，为精准医疗、分子育种等产业的发展打下了坚实的基础。

在通过云计算与大数据的结合，有效地形成智能后，华大基因围绕以智能分析为支撑的对外服务，将研究重点定位在三个领域：

（1）科研服务。华大基因曾完成大熊猫晶晶基因组框架图的绘制工作，这是全世界首例用短序列进行新物种测序与组装新技术完成的大型基因组序列图。该基因图谱为解答大熊猫为什么是黑眼圈，为何身为熊而不冬眠，为何对竹子情有独钟，为何体形硕大的大熊猫幼崽体重只有母亲的百分之一，未来的大熊猫是什么样子等问题奠定了基础。大熊猫基因组的研究填补了大熊猫基因组及分子生物学研究的空白，从基因组学的层面上为濒危物种保护、疾病的监控及其人工繁殖提供了科学依据。

（2）医学服务。过去因为技术和成本的限制，除了身高、体重、生化、B 超、CT 等数据，医疗行业中基因数据很少被使用。近年来，华大基因医学检测板块提供了贯穿整个生命周期的检测服务，涉及生育健康、遗传病、血液病、病原微生物、肿瘤等领域的检测服务。生育健康相关检测形成贯穿生命发生、孕育、出生与成长过程的遗传病、不孕不育疾病的筛查与诊断技术体系。例如，针对我国南方地区高发的遗传病地中海贫血，通过基因检测技术，并结合专业的生物信息分析软件，能准确检测出地中海贫血型别，为临床检测和大规模的地贫基因筛查提供支持。

（3）人人服务。根据基因，对人的潜在特质、身体状态与擅长点进行挖掘与分析，进行健康管理。例如，基因可以一定程度上用于解答人体的运动天赋差异，运动后流汗会令铁质流失，拥有高危型基因的人士容易贫血、疲累及体力不足，进而影响运动表现，出现不良反应。而运动能力的强弱，也是因为自身基因决定了身体的机能不同。我们可以通过基因检测，来了解自身的耐力、抗疲劳力、速度和力量等，更好地制定适合自己的运动策略。

在进行技术平台建设及基因技术的突破创新的基础上，华大基因还坚持以自主知识产权为主导的业界生态合作。

华大基因认为，目前的基因技术，中国和国际先进水平处于同一个水平线，在部分应用方面甚至领先。比如无创唐氏基因检测，在美国费用约为 2000 美元，在中国还不到 2000 元人民币。低成本的原因来源于中国具有自主知识产权。在 2007 年，全球有自己完整基因数据的人不超过 10 个，现在是百万人。如果有自己的基因数据，很多基因数据可以辅助医疗。在其研发过程中，华大基因不断突破技术壁垒，持续获得关键技术和核心应用的自主知识产权。华大基因 2016 年在武汉发布了测序应用整体解决方案 BGISEQ–500n，这是全球测序技术领域首次大批量列装“中国造”，标志着中国在高端测序技术的源头创新和上下游协同发展的突破及引领。BGISEQ–500 是由华大基因自主研发的桌面型高通量测序系统，具备精准、简易、快速、灵活、经济等特点，单项应用最快可在 24 小时内完成，针对个人基因组检测精度可达 99.99%，充分满足科研和临床领域的不同测序需求，在测序准确度、一致性等关键指标上达到甚至超过成熟商业测序系统。

为了更好地践行“基因科技造福人类”的愿景，华大基因与阿里云及英特尔联手推出了“2020 计划”，希望在 2020 年，一天之内完成一个人的基因测序、分析、报告。这一战略的基础，一方面是云上海量的资源，另一方面是测序核心技术的突破。实现这一战略，一方面力量来源于个人，一方面来源于政府。从个人角度，每个人都有健康医疗的诉求；从政府角度，基因数据是非常重要的因素，是国家战略资源。

基因的奥秘正在云端一步一步解开，华大基因股份有限公司 CEO 尹烨说：“我们的目标是使用自主知识产权的测序仪和云端分析平台，在 24 小时内完成一个人从全基因组测序、分析到解读的全过程。虽然面临着不小的挑战，但生命的价值值得我们为之努力。这样的努力势必会使中国在未来数十年在生命科学、生物产业获得持续增长的强劲动力。”

企业“平台化”：跨界协同造生态

企业在线节省成本，而网络协同为企业平台带来巨大的发展空间与商业价值。今天的领军企业争相打造“行业平台”，利用传统产业资源、先发优势成长为明天的行业 BAT。

能源平台：中石化在阿里云上引入电商中台架构，3 个月建起“能源天猫”——易派客。第一年内汇聚 3.5 万家优质供应商、11 万家工业企业，两年累计交易额高达 902 亿元；随后沿“一带一路”拓展海外市场，提供全球工业贸易、供应链金融业务。

零售平台：特步采用共享服务平台架构，实现门店、官方商城、第三方商城的“全渠道营销”，全网、全国实现商品、订单、库存、会员、配送、结算一体化，并从通过渠道销售运动鞋，向运营“跑友社区”平台转型。

金融平台：中国外汇交易中心“货币网”采用互联网级中间件，实现每天将人民币牌照价格第一时间传给遍布全球的 1 万多家交易成员公司和 3.3 万家监管机构，并正在利用人工智能创新增值服务，挖掘 FinTech（金融科技）技术红利。

第四章
智能化创新战略

阿里巴巴对人工智能的三个判断是：第一，必须要有场景驱动，我们在解决什么问题，为这个社会的成本降低了多少，效率提高了多少；第二，在人工智能背后是否有足够的数据来驱动 AI 能力的提升；第三，是否有足够的计算能力支撑我们的算法和深度学习。只有三个场景同时具备的前提下，人工智能才会有价值。

——阿里巴巴集团合伙人，阿里云总裁 **胡晓明**

1950 年，英国曼彻斯特大学计算机实验室副主任图灵教授发表了一篇改变人类文明发展方向的文章《机器能思考吗？》（Can Machines Think?）逐条反驳了机器不能思维的论调，并给出了著名的“图灵测试”。在图灵文章发表后的半个世纪里，机器智能的理论研究取得了长足发展，逻辑符号理论、仿生派等理论持续深化。在最近 20 年中，伴随云计算、大数据、机器学习算法的成熟，人工智能从技术走入产品，从产业应用走向千家万户。正如《麻省理工科技评论》发布的“2018 年全球十大突破性技术”中所说，“AI for everybody”的科技普惠时代已经到来，20 年后每一家企业都是人工智能企业，每一个人都会像使用智能手机一样使用 AI 工具，我们这些“AI 移民”很快会迎来“AI 原生代”（AI Native Generation），错过智能转型的企业将被下一个时代抛弃。

企业“智能化转型”的本质是“业务自优化”：智能工厂自适应纷繁复杂的生产问题，智能教育自适应千人千面的学生进度，城市大脑控制智能红绿灯自适应瞬息万变的交通路况。智能企业位于产业升级“三浪叠加”的后期，在这个时期智能商业“三元素”基于数据、算法快速演进，具有显著的先发优势，产业分化呈现“二八定律”。

智能（Intelligence）：业务某一核心环节智能化，或单体工厂生产线智能化。在数据感知手段丰富的企业，因具有明确的数据分析目的、渠道与范围，数据收集、运营成本不高，以高质量数据设计模型、训练算法，见效快、价值高，在云上彻底激活实体企业中沉淀的宝贵数据价值，“行业大脑”持续进化，拉开与竞争对手的距离。

协同（Coopration）：核心生产工艺环节通过智能优化，得以更好协同，通常为供给侧或需求侧的“单边协同”，例如供应链优化、生产线调整、商品智能推荐。智能化之后的下一步挑战在于智能算法向更多子公司、加盟工厂、渠道的复制推广，以及谙熟智能模型调查的数据分析型人才是否存在瓶颈。

精准（Accurate）：因关键环节数据在线，所以能够做到局部高精度，将资深行业专家的经验融入“行业大脑”模型，减少高端人工投入，并发现未知经验规律，给出精准改进的建议方案，通常用于良品率提升、节能降耗、设备故障预测等场景，全局推广后会产生巨大经济价值。

“行业大脑模式”重新定义产业游戏规则

在线入口正从手机转向。上一波移动互联网红利渐入尾声，全球迎来“物联网红利”。智能设备不仅联网，而且成为永续在线的“数据采集器”，从自然环境数据、行为经验数据、人类博弈数据，都组成一个看不见的“数字地球”，不仅记录过去、描述现在，还能预测未来。据爱立信分析，2020年地球上将出现近250亿个联网设备，现在看来数量庞大的移动互联网设备（手机、笔记本、PC、平板等）仅占不到一半，物联网设备逐渐成为“数字地球”的“神经末梢”，既能感知，又能分析，并不断把数据上传供云上“行业大脑”学习，即“学在云端、用在终端”。例如10年后，每一辆自动驾驶汽车上都有一个“驾驶小脑”，在无手机信号、无卫星信号的“双盲”地区（隧道、地下车库等），能够实时根据路况变化保证驾驶安全可靠，而每天产生的TB级数据则上传到云端机器学习平台“交通大脑”进行驾驶算法的改进优化，云上智能平台如树根一样吸取“数据养分”，4G/5G网如树干输送算法、数据，移动端如叶子分分秒秒与外界产生“光合作用”，数据无处不在，只是在每个环节的用途各有不同。

人工智能就是明治维新时代的火枪。当拥有“行业大脑”的智能企业手持“AI火枪”时，大多数实体企业还在使用“线下冷兵器”顽强抵抗，商业竞争规则已经彻底改变。当大众还在争论“机器人威胁论”时，你的竞争对手已经在云上战略投资“行业大脑”、加速“数据飞轮”的创新速度，这是AI时代的“囚徒困境”，领先产业界一步便有可能成为下个十年的行业领导者。据美国风险投资分析机构

PitchBook 统计，2017 年全球企业在人工智能领域投入了 213 亿美元进行并购，是 2015 年的 26 倍！硅谷著名风投公司“AHZ”(Andreessen Horowitz Fund）认为：“AI 将让下一代软件的预测性和响应能力大幅提升。”即“软件吞噬世界”后，AI 就是下一代全球企业的核心竞争力，否则会迎来“冷兵器军团”的灭顶之灾。

AI 的竞争集中在人才争夺、改进业务、创造利润三方面。纵然很多 AI 创业公司仍在亏损，却成为大企业收购人才的最佳选择，例如 2014 年谷歌花费 5 亿美元收购了没有任何收入与产品的 DeepMind 团队，醉翁之意不在酒，而在人才。2017 年创业公司收购中，每位 AI 员工获得高达 500 万 ~1000 万美元股份。[①] 大型互联网企业、创新型实体企业正在把 AI 研发成果与业务营收紧密结合。在澳大利亚，力拓是全球最大的矿业公司之一，也是“数据挖矿”的领先企业：重达 300 吨的自动驾驶卡车将矿山人员减少了 33%，运营成本降低 15%；自主运营的钻机比人工钻机的平均运营时间长 30%，平均每小时开挖距离增加 10%；并正在矿山与港口之间 1700 公里长的轨道上试验无人驾驶火车。在美国，堪萨斯城市政府利用路面下埋藏的压力传感器收集路感数据，并与温度、降水等气象数据、汽车摄像头数据相结合，主动寻找公路坑洼地点，将道路维护预算利用效率提升 30%。智能推荐（又称“精准营销”）算法贡献了电商网站上 33% 的订单、网飞上 75% 被观看的视频内容。在日本，新富养老院采用软银 Pepper 机器人护工，帮助医生搬移老人、监控健康状况、陪伴并组织老年人唱儿歌，比人

① 《经济学人：大脑之战》，2017 年 12 月刊。

类护工更受欢迎，三分之一的老年人变得更加积极自主。①

拥有一个 AI 就像有了 100 万名员工。2017 年“双 11”，阿里巴巴自主研发的 AI 设计师“鲁班”根据商家需求为 1500 万种商品自动生成了 4.1 亿幅海报；一个机器人设计师画图效率是一位人类设计师的 80 万倍；阿里客服机器人“店小蜜”帮助众多品牌商承担了 95% 的在线客服工作量；智能推荐系统“天猫智选”自动生成 642 亿张个性化网页；菜鸟网络仓库中的超级机器人分拣货物的效率比人类拣货员高 22 倍。在阿里云覆盖全球的数十个数据中心里，巡检机器人“天巡”接替人类员工，承担 365 天 ×24 小时的机房监控工作，降低运维团队 30% 的重复工作；智能音箱“天猫精灵”能订票、订外卖、买东西、听音乐、学习课程等 O2O 服务，已经进入机场候机厅、酒店客房、便利店、养老院、母婴室等众多便民场景中。在实体企业中，海尔集团借助智能客服“智能机器人”，取代了 1000 名呼叫中心员工；华栖云用一个“AI 采编机器人”为某国内电视台综艺真人秀节目节省了近百人的传统采编团队人力。

现在 AI 是属于少数数据科学家的“魔法”，AI 在产业化应用中的定制化成本较高，且需要耗费大量 AI 科学家的时间。现在机器学习自动化已经由浅入深，逐步实现实体企业快速上手应用的“AI 普惠化”进程。2016 年，阿里云即推出机器学习平台 PAI，通过拖拽算法组件轻松实现机器学习、数据挖掘，降低学习门槛。2017 年，阿里集团与蚂蚁金服基于阿里云 Apsara 平台，设计出超大规模分布式计算平台

① 《经济学人》，2017 年 12 月刊。

“鲲鹏”，既能调用超大规模分布式计算系统资源，又能加速超大规模分布式优化算法，普通用户只须使用简单的几行脚本命令，即可完成整个算法调度，“如丝般顺滑”地分析千亿样本、TB到PB级训练数据量。同年，谷歌发布了机器学习自动平台AutoML，以AI设计AI，以神经网络设计神经网络，训练评估过程自动化重复上千次，以生成“最优解”架构，在视频识别领域已经超过人类科学家设计的结果。目前此类产品仍在快速进化中，并面向迪士尼等非专家研究人员开放，根据自己的需要创造神经网络，让机器学习造福每一个人——“编程将死，AI永生”。

天合光能：用计算捕捉“光的能量”

大数据与云计算作为工业新的生产力，让太阳能更加智慧。

——天合光能制造副总裁　华敏洪

中国光伏行业正迎来真正的“春天”

中国光伏是继高铁、核电之后又一张中国制造的名片。自2008年起，中国连续8年光伏电池产量居全球首位，累计为全球提供70%以上的光伏电池产品。目前，世界上最大的6家光伏电池板生产企业，中国占了5家。然而中国光伏产业的“繁荣”背后，产能过剩、同质化竞争、成本居高不下等问题严重制约着行业的发展。光伏行业亟须找到一条可持续发展的出路。

“十三五规划”以及“中国制造2025”政策的出台为中国光伏行

业带来了新的机遇。越来越多的光伏企业开始向智能制造转型。随着生产数字化、网络化与智能化的持续提升，光伏发电成本与火电和化石能源之间的成本差距不断缩小。预计 2020 年，光伏发电成本将与传统能源成本持平，这将凸显光伏能源在绿色、环保、无污染上的优势，届时光伏产业将迎来历史上最大的发展机遇。根据国际能源署（IEA）发布的一份报告，到 2040 年，中国煤炭发电量占总发电量的比重将从现在的 73% 降低至 43%，而太阳能占比将从 3% 上升至 12%。

天合光能有限公司（简称“天合光能”）创立于 1997 年，为中国早期登陆美国纽交所的太阳能企业之一，是全球领先的太阳能整体解决方案提供商。截至 2016 年年底，天合光能组件累计总出货量突破 23GW（吉瓦），全球排名第一，占据超过 10% 的全球市场份额。在电池组件的转化效率上，天合光能连续打破 16 次世界纪录。相比于火力发电，天合光能一年可为地球减排二氧化碳 2700 万吨，相当于种植约 3000 万亩的树林。公司同时紧跟“一带一路”步伐，积极加快全球化部署，先后在泰国、马来西亚、越南进行产能布局，产品覆盖全球 70 多个国家和地区，公司 60% 营收来自海外。

光转化率是光伏企业的生命线

天合光能在生产工艺、信息化水平和管理模式上历经 20 多年的发展，已经处于相对成熟的阶段，然而这也意味着单纯通过传统的工艺方法与精益管理手段已经很难大幅度提升电池片 A 品率（光转化率 >18.8% 的高品质电池片，当前 A 品率在 40% 左右）。同时，A 品率也难以维持在一个稳定的状态。相同的设备与工艺，在不同的工厂、不同的生产线，甚至是在同一生产线的不同时间段所产出的成品，其A品率也会存在明显差异。公司曾做过测算，生产线哪怕是一个百分点的效率提升，即可带来至少数百万的利润。高品质电池片A品率稳定在高水平，对利润非常微薄的光伏行业来讲，具有很大的意义。因此，如何在现有工艺水平和生产条件下，实现对产品质量和成本的突破，是天合光能运营团队的迫切需求。

正式踏上工业智能转型之路

数字化转型的“梦之队”

天合光能制造副总裁华敏洪为工业大数据项目设定了明确的目标：“天合光能期望通过大数据、人工智能技术实现生产过程的数字化和生产管理智能化、透明化，并最终实现用数据驱动生产，在光伏电池片生产A品率的提升上实现突破性的飞跃。”但企业管理层也清楚地意识到，要实现上述目标，必须要从外部引入新鲜的血液，要跳出原有的思维定式，才能实现从0到1的突破。而为什么最终选择阿里云作为合作伙伴？看似风马牛不相及的两家企业，实则具有很强的互补性。阿里云不仅拥有可弹性扩展的海量计算能力和完整的大数据平台，更强在拥有一批行业顶尖的数据科学家，可以帮助天合光能最大限度地发挥积累多年的工业数据的价值。同时，阿里云在协鑫光伏（全球最大光伏切片企业）工业大脑项目上所获得的最佳实践，也坚定了天合光能的合作意愿。于是，2017年7月，阿里云数据科学家正式入驻天合光能工业大数据项目组。项目团队由天合制造副总裁华敏洪、天合智能制造负责人徐连荣、天合光能全球IT负责人朱加川共同负责，形成由生产部门、信息化部门与阿里云大数据专家组成的三方联合作战团队。

数据驱动做突破口

电池片生产属于典型的流程制造，生产工艺复杂，主要生产环节包括制绒、扩散、后清洗、PECVD（等离子体增强化学气相沉积）、丝网印刷、烧结、测试。整个流程对温度、湿度、浓度、压力、速度、电极、电压等变化异常敏感。过程贯穿化学腐蚀，充斥着各种化学变化与物理变化，任意一个变量以及变量间关系的微妙变化，都会对生产结果造成很大影响。而大幅度的生产线改造、设备的升级以及工艺改造意味着巨大的资金投入，同时存在高风险与高不确定性。因此，天合光能领导层决定从现有的生产数据入手，以数据驱动的方式，通过找出数据背后隐藏的问题，识别不同参数间的关联性，获得生产工艺的最优参数，在不对生产线做"大手术"的情况下，有效提升 A 类电池片比率。

然而，自从智慧生产大数据项目启动以来，问题就接踵而至。

首先是数据质量差。受制于天合光能实际生产环境中数据获取手段的局限性，包括传感器、数字采集硬件模块、通信协议等多个技术限制，数据采集维度与质量被打了折扣。与工业数据的"大"相比，数据的全面性与多样性更有意义。数据建模的前提，需要获取与被分析对象相关的全面参数，而天合生产线上关键参数的缺失导致分析过程碎片化，影响数据的深度挖掘与洞察。

其次是离线数据多。只有当数据实时在线，能够对动态数据进行实时分析，数据才能真正发挥价值。然而天合光能过去的生产数据多是离线数据，且数据采集时间维度多是以天甚至周来计算，这就导致到手的数据，例如电压、电流等呈现均值化（数据波动的波峰与波谷相互抵消），难以作为诊断依据，无法找出数据背后隐藏的逻辑与问题。（在后来的智慧生产大数据项目推进过程中，当以秒计来观察数据的波动时，数据波动则非常明显。）

最后是缺少多维度数据精准分析能力。天合光能有一批经验丰富、在生产线上深耕多年的工艺专家，对每一个生产环节、生产参数都有很深的理解。工艺专家在对单个参数或是两个关联参数最佳值的判断上，比如温度、压力、速度等已非常精准，然而面对数以千计的生产参数，动辄上百 GB 的数据，要找到其中的关联性以及因果关系，并精准推荐最优的参数组合，这远远超出了人脑的计算能力。更何况，人的判断总是带有片面性和主观性，仅凭“老师傅”的经验可能会导致看似正确的误判，并错过发掘隐藏在数据背后的“不可见”问题的机会。

数据先行，量力而为

风险控制与成本管理是项目成功的基础。智能制造大数据项目团队一开始并没有大刀阔斧地去做整条生产线设备的改造以及数据全量实时采集，而是以小步推进的方式，从现有离线数据切入。通过收集制造企业生产过程执行系统的数据以及设备的离线日志，对现有数据维度进行分析。当离线数据不足以支撑大数据分析时，再对关键设备升级改造，逐步开放更多真正有价值的数据，补足缺失的数据维度。对于高实时性要求的数据，则通过安装高精度传感器以及阿里云的一站式数据采集接口进行数据的秒级采集、整合。项目团队通过这种渐进的方式，最终从生产线采集到上千个不同维度的生产参数，为接下来的计算与分析创造了必要条件。

寻找关键因子，学做减法

并非所有的生产参数都会对生产 A 品率产生关键性影响。对数据做“减法”是项目至关重要的一步。这一过程需要工艺专家与数据科学家的紧密配合。工艺专家需要凭借其工业方面的专有技术对参数进行过滤、筛选、识别。同时，数据科学家借助大数据平台，通过数据建模，对工艺参数进行量化分析，寻找关键因子。双方经过“经验”与“算力”的不断碰撞，最终发现“扩散”与“丝网印刷”是影响 A 品率稳定性的最为关键的两道工序，项目团队以此作为突破口，把研究聚焦在包括印刷速度、印刷压力、印刷高度、网间距、冷却水温度、流速、风速等关键因子上，数据范围大幅度缩减，研究得以更为精准。

工艺参数优化，经验与“算力”的碰撞

接下来的工作是从所聚焦的关键因子中找到最能为生产带来价值的参数组合。但是哪怕只有 10 个参数，也会产生天文数量级的组合方式，因此只有借助云计算的超级算力才能在短时间内完成如此庞大的计算量。数据科学家通过在算法平台上搭建工艺参数优化模型，分析不同变量间的逻辑关系，模拟推演出多个不同的参数组合。然而哪组才是最优“配方”？这时候“老师傅”的经验很好地弥补了数据科学家在工艺知识上的空缺。数据间存在基本的逻辑关系，比如速度越快，压力就越大。与自然规律、常识相悖的数据，“老师傅”可以凭借经验并借助 DOE（实验设计）对由数据模型推导出的参数组合做减法，排除不符合生产与工艺逻辑的参数，大幅度减少了后续的工作量与时间成本。

上线测试，生产线上练兵

由于各自的专业领域不同，工艺专家与数据科学家对数据的理解也会存在差异，在参数选择上分歧难以避免，因此只有通过上线实测的方式才能验证数据的价值。实测以“小步、快跑、迭代”的方式，项目团队选中4条生产线作为测试线。起初是以小批量进行测试（200片电池片），根据测试结果进行持续调优。随着生产A品率以及生产稳定性的小步提升，测试规模从百片到千片直至上万片，测试周期也从以小时或天为单位延长到以周为单位。经过几十次的批量测试以及持续调优，最终才得以发现能够突破原有生产A品率水平的那一组最优参数组合。

工业智能转型带来的新收获

项目从2017年7月启动以来，团队历经5个月的努力，主要取得了4个方面的成效：

A品率模型数字化。生产A品率的实际测试值提升了7%，同时每一批测试结果都维持在相对稳定的状态。根据项目组测算，基于天合光能全年的产量，一个百分点的A品率提升可带来至少数百万元的利润，7%则意味着数千万元的利润，相当可观。

生产数据在线化。目前通过阿里云的一站式数据采集接口，已连接天合光能超过200台生产设备，海量数据通过网络实时上传至阿里云大数据平台进行实时计算。

生产管理透明化。通过可视化大屏工具，实时展示产量、质量、设备相关数据，实现生产数字化、管理透明化。

生产预警自动化。通过对设备数据及工艺参数的实时监控，结合工艺参数分析模型，实现设备异常及工艺参数异常的提前预警，实现生产过程的主动管理。

新起点、新征程

华敏洪认为，在试验线上取得的成果证明，利用大数据与人工智能技术对生产工艺的改进是行之有效的。下一阶段的目标则是经验的复制与推广，纵向与横向并行，最终将试验线中的研发成果在大规模生产中精准落地。

纵向：应用人工智能技术到更多的生产工序，实现全生产线的数字化与智能化。所覆盖产品也从电池片拓展到包括光伏切片与电池组在内的上下游产品。持续深化 IT 技术与 OT（操作技术）技术的融合，叠加更多的新一代数字技术到生产环境中，比如利用 AI 与图像识别技术做产品的外观质量检测，借助虚拟仿真技术模拟现实的生产环境，以及通过 Data V（可视化大屏）与 BI（商业智能）优化企业决策。

横向：能力输出，实现跨生产线以及跨工厂的复制与推广（项目试点的 4 条生产线位于天合光能的第三电池车间，该车间共有 11 条产品线）。生产线间、工厂与工厂间的实际生产环境总会存在差异，没有一个百分之百标准的配方可适配所有生产环境。因此，项目团队接下来的首要任务是做知识与经验的沉淀，同时把能力输出给更多的工艺专家。在阿里云数据科学家有限的协助下，工艺专家可独立调用云计算、大数据、数据模型等技术，自行对各个生产环节进行诊断与优化。

华敏洪表示："天合光能智能制造转型已经在进行当中。目前我们已基本完成了生产过程管理系统化，当前正致力于通过物联网、融合边缘计算和云计算的 CPS（信息—物理系统）架构，结合大数据分析，以数据做驱动，实现制造数字化、智能化的升级。天合光能的未来目标则是全面推进智能化、平台化建设，由制造商向整体解决方案提供商转变，加强物联网、云计算、大数据与新能源生产、存储、配送、消费的深度融合，成为全球领先的智慧能源和能源互联网整体解决方案提供商。"

复盘：工业智能转型成功要素

公司顶层驱动。纵观国内外，绝大部分成功的数字化转型案例都是从上到下推动的，企业的智能化转型战略与企业的业务战略高度一致。天合光能管理层的数字领导力以及数字化视野为项目的顺利进行扫清了障碍。

转型路径明确。项目团队一上来并没有大刀阔斧地做生产线的智能化改造，而是基于现有能力与数据，采用由点到线到面的方式逐步推进。首先是单点突破（以生产环节中的痛点作为切入口），其次是局部复制（经验向全生产过程以及产品线延伸），最后是全局推广（能力输出到全球所有的工厂），同时采用快速上线、小步试错、技术迭代的方式，最大限度降低转型的风险与不确定性。

平台化、创客化组织形式。天合光能由小到几十人，大到上千人的 30 多个创业团队组成。创团业务横跨研发、生产、供应链、销售、服务等环节，自主经营，独立核算。这种新型的组织形式，团队协同效率最高，对战机的把握更加敏锐，调整方向更加快捷，同时也可以最大限度激发团队成员的创新潜能。

工艺与数据的交汇、融合。工艺专家与数据科学家之间绝不是患者与医生的关系，而更像是“人”字的结构，相互支撑。因为发挥大数据威力的重点是围绕业务场景，而只有业务部门才能提出具体的业务需求。工艺专家和数据科学家从对彼此领域的陌生，到相互博弈，到互为导师，再到脑力的碰撞，很好地诠释了大数据创新的孵化过程。

宏碁集团创始人施振荣提出的“微笑曲线”理论早已被制造企业奉为真理，处于曲线中部的生产环节所产生的价值远低于微笑线两端。然而，随着 IT 时代到 DT 时代的变革，“微笑曲线”理论开始受到冲击。天合光能项目还只是工业智能迈出的第一步，但足以验证新一代信息技术与制造的加速融合能为工厂、车间、生产线带来巨大的创新与增值空间。同时，天合光能从生产过程智能，到管理过程智能，再到生态链智能这一工业智能的发展路径，值得在转型路上的中国制造企业借鉴。

阿里云在包括天合光能、中策橡胶、协鑫光伏、恒逸石化等众多工业大数据项目中，证明了工业智能的可复用、可沉淀、可逆向破解数据的能力。可以预见，随着工业智能的潜能加速释放，其必将成为制造企业转型升级的新一代发动机与创新源泉。

ofo：云计算让 2 亿百姓骑行更轻松

2014 年，ofo 在北大诞生。它采用无桩共享单车的出行模式，基于移动 App 和智能硬件开发，是目前国内知名的城市交通代步解决方案，为用户出行提供便捷、经济、绿色低碳、高效的共享单车服务。截至 2017 年 10 月，共有 1 000 万辆共享单车投入社会便民服务，目前覆盖全球 21 个国家和地区、250 座城市的 2 亿用户，累计为用户提供了超过 40 亿次出行服务。ofo 突破日订单千万只花了不到 6 个月，从海外车辆的设计、打样、量产到车辆运输至海外国家只用了 7 周的时间，这在整个行业都是不可思议的“创新速度”。由于共享单车容易在上下班高峰形成潮汐效应，ofo 希望用智能调度方案去匹配供需缺口，将车辆供需差降至最低，为更多用户提供完善的出行服务。基于这些特点，弹性调配、扩容灵活、成本低廉的云计算，成为共享单车的最佳配置。

（1）整体以阿里云平台为基础，以全线产品为依托，以阿里云服务为辅助，整体 IT 上云。

（2）在国内共享单车竞争激烈的情况下，以云计算为支撑的“车联网”可用性非常高，完美支持了 ofo 流量入口启用、红包活动、端午节活动，在 2017 年 10 月成功支持日订单 3 200 万单。

ofo 解决了城市的短途出行、绿色出行、方便出行，解决了最后一公里的用车难问题，也为国家节能减排绿色出行、共享经济产业升级贡献了不可忽视的力量。

饿了么：AI 让 1 亿人吃上了“热饭”

外卖送餐市场近几年都保持了超过 200% 的高增长速度。据比达咨询市场分析数据显示，2016 年中国第三方餐饮外卖市场格局中，饿了么位居第一，市场份额为 34.6%，美团外卖（33.6%）、百度外卖（18.5%）紧随其后，在“白领市场”“社区市场”“校园市场”的细分领域中，饿了么均占据榜首位置。截至 2016 年 12 月，饿了么业务覆盖 1400 多个城市，用户超过 1 亿，各地加盟餐厅超过 100 万家，日订单量突破 900 万，旗下“蜂鸟配送”日配送单量超过 450 万。

在“独角兽”的成长道路上，饿了么面临着人工成本高制约业务快速扩张、人工派单速度慢导致高峰期订单积压严重、人工派单随机性强引起订单配送时效性差等现实问题。而阿里云通过智能派单系统，基于海量历史订单数据、餐厅数据、骑手数据、用户数据等信息实现智能派单，逐步替代调度员的大部分工作。智能派单系统整体全面上线后将释放 90% 以上人工派单的人力，每年节省人力支出预计超过亿元。

饿了么的 IT 系统架构伴随业务量飙升，进行了三次重大升级。

（1）起步期（2009—2013）：饿了么由上海交通大学创始团队起家，发展至 35 人规模，日订单量维持在 10 万量级，由“IDC+Python”技术组合支撑业务运营，但面临 Python 人才难觅等困扰。

（2）成长期（2014—2015）：2014 年 8—9 月短短两个月内，日均订单量增长 10 倍，从 10 万迅猛飙升至 100 万，业务规模主攻全国 200 个城市，原有 IT 系统架构压力极大，依靠“人肉”运维举步维艰，故障波动影响业务，创始人与核心技术团队坚守机房运维一线，才勉强扛住 100 万量级业务订单。随着规模的扩大，其人员团队也增至 500 人，于是他们开始借鉴淘宝架构模式，技术生态从 Python 扩展至“Java+Python”开发体系，从“人肉”支撑百万订单运营发展到自动化运维，并筹备同城异地容灾体系。

（3）规模期（2015—2017）：2015 年 7—8 月，日均订单量不断翻倍，以往积压的问题都暴露出来，技术架构面临大考验，坚定了他们架构上云的决心。此时团队也扩展至 1000 人。当架构承载数百万量级业务时，会出现峰值成本、灾备切换、IDC 远程运维等种种挑战。于是饿了么决定全面战略转型，采用“IDC+ 云计算”的混合云架构。

为什么选择架构转型上云？据饿了么 CTO 张雪峰介绍，主要是 4 个关键因素让管理层下定决心，将技术架构从 IDC 经典模式转型至混合云模式。

第一，脉冲计算。从技术架构配套业务发展分析，网络订餐业务具有明显的“脉冲计算”特征，在每日上午 10:00—13:00、晚间 16:00—19:00，业务高峰值出现，而其他时间则业务量很低。暑假是业务高峰季，2016 年“5 · 17 大促”，饿了么第一次做“秒杀”，一秒订单 15000 笔，巨大的波峰波谷计算差异，引发了自建数据中心容量不可调和的两难处境，如果大规模投入服务器满足 6 小时的高峰业务量，则其余 18 小时的业务低谷计算资源闲置；若满足平均业务量，则无法跟上业务快速发展的节奏，必然会落后于竞争对手。搞电商大促时，计算资源投入巨大，大促之后计算峰值下降，自建机房利用率仅 10%，所以技术团队摸索出用云计算扛营销大促峰值的新模式，采用混合云架构满足“潮汐业务”峰值计算，这与每年“双 11”淘宝引入阿里云形成全球最大混合云架构具有异曲同工之妙。

第二，数据量爆炸。伴随饿了么近 5 年业务量呈几何级数的爆发式发展，数据量增速更加令人吃惊，是业务量增速的 5 倍，每日增量数据接近 100TB，2015 年短短两个月内业务量增长了 10 倍，数据量增长了 50 倍，上海主生产机房不堪重负。30GB 的 DDoS（分布式拒绝服务）攻击对业务系统造成较大风险，上云成为承载大数据、抗网络攻击的好方法。

第三，高可用性挑战。众所周知，IDC 自建系统运维要承担从底层硬件到上层应用的“全栈运维”运营能力与维修能力，当 2015 年夏天上海数据中心故障发生，主核心交换机宕机时，备核心交换机 Bug（缺陷）同时被触发，从事故发生到硬件厂商携维修设备打车赶往现场维修的整个过程中，饥饿的消费者无法订餐吃饭，技术团队第一次经历业务中断而束手无策，终于下定决心大笔投入混合云灾备的建设。“吃一堑，长一智”，持续向淘宝学习电商云生产与灾备架构，以自动化运维替代“人肉”运维，从双活向多活演进，成为饿了么企业架构转型的必经之路。

第四，大数据精益运营。不论网络打车还是网络订餐，共享服务平台脱颖而出的关键成功要素是智能调度算法，以大数据训练算法提升调度效率。饿了么在高峰时段内让百万“骑士”（送餐快递员）完成更多订单是算法持续优化的目标，而这背后隐藏着诸多复杂因素，包括考虑餐厅、骑士、消费者三者的实时动态位置关系，把新订单插入现有骑士的行进路线中。每家餐厅出餐时间、每个骑手的行进速度、道路熟悉程度各不相同，新老消费者获客成本、高价低价订单的优先级皆不相同。种种考量因素合并到一起，对于人类调度员来说，每天中午和晚上的高峰都是巨大的挑战。以上海商城路配送站为例，一个调度员每 6 秒钟就要调度 1 单，他需要考虑骑手已有订单量、路线熟悉度等。因此可以说，这份工作已经完全不适合人类。但对人工智能而言，阿里云 ET 则非常擅长处理这类超复杂、大规模、实时性要求高的“非人”问题。

饿了么是中国最大的在线外卖和即时配送平台，日订单量超过 900 万单，拥有 180 万骑手、100 万家餐饮店，既是史无前例的计算存储挑战，又是人无我有的战略发展机遇。饿了么携手阿里云人工智能团队，通过海量数据训练优化全球最大的实时智能调度系统：在基础架构层，云计算解决弹性支撑业务量波动的基础生存问题；在数据智能层，利用大数据训练核心调度算法、提升餐饮店的商业价值，才是业务决胜的“技术神器”。

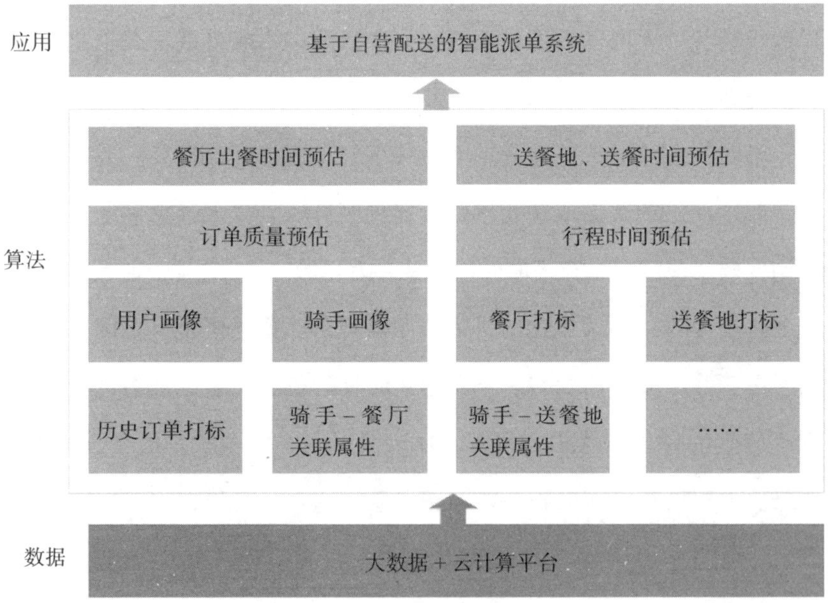

图 4–1　饿了么智能架构

资料来源：阿里云研究中心。

在针对大数据资源的“专家＋机器”运营分析中，不断发现新的特征：

（1）区域差异性。饿了么与阿里云联合研发小组在测试中发现有两个配送站点出现严重超时问题，后来才知道，两个站点均在成都，当地人喜欢早、中餐一起吃，高峰从11点就开始了。习惯了北上广节奏的ET大脑到成都就蒙了。据阿里云人工智能专家闵万里分析：“不存在一套通用的算法可以适配所有站点，所以我们需要让ET大脑自己学习或者向人类运营专家请教当地的风土人情、饮食习惯。”除此之外，饿了么覆盖的餐厅不仅有高大上的连锁店，还有大街小巷的各类难以琢磨的特色小吃，难度是其他智能调度业务的数倍。

（2）复杂路径规划。吃一口热饭有多难？送餐路径规划比驾车出行路径规划难度更高，要考虑骑士对地理环境的熟悉程度、天气状况、拼单效率、送餐顺序、在写字楼电梯等待时间等各种实际情况，究竟ET大脑是如何实现智能派单并确保效率最优的呢？简单来说，ET大脑会将配送站新接订单插入到每个骑手已有的任务中，重新规划一轮最短配送路径，对比哪个骑手新增时间最短。为了能够准确预估新增时间，ET大脑需要知道全国100万家餐厅的出餐速度、超过180万骑手各自的骑行速度、顾客乘电梯下楼取餐的时间。一般来说，餐厅出餐等待时间占到整个送餐时间的三分之一。ET大脑要想提高骑手效率，必须准确预估出餐时间以减少骑手等待，但又不能让餐等人，最后饭凉了。经过ET大脑的调度，蜂鸟配送单均配送时长缩短至30分钟以内。

（3）特殊天气影响。天气等环境因素对送餐时间影响显著，要想计算骑手的送餐时间，ET 大脑需要知道每个骑手在不同区域、不同天气下的送餐速度。如果北京雾霾，ET 大脑能看见吗？双方研发团队为 ET 大脑内置了恶劣天气的算法模型。通常情况下，每逢恶劣天气，外卖订单将出现大涨，对应的餐厅出餐速度和骑手骑行速度都将受到影响，这些 ET 大脑都会考虑在内。如果顾客在下雪天点个火锅呢？ ET 大脑也知道，将自动识别其为大单，锁定某一个骑手专门完成配送。

（4）餐饮营销顾问。饿了么整体业务涉及 C 端（消费者）、B 端（餐饮商户）、D 端（物流配送）、BD 端（地推营销）。以往区域业务开拓考核新店数量，现在会重点关注餐饮外卖“健康度”，对于营业额忽高忽低、在线排名不断变化的餐饮店，都需要 BD 专家根据大数据帮助经营者找出原因并给出解决建议，避免新店外卖刚开始就淹没在区域竞争中。销量平平的新店会离开平台，通过机器学习把餐饮运营专家的经验以及人看不到的隐含规律固化下来，以数据决策来发现餐饮店经营问题和产品差异定位。让餐饮商户尝到甜头，才愿意继续经营。举个例子，饿了么员工都喜欢楼下一家鸡排店的午餐，但大数据发现这家店的外卖营收并不如实体店那么火爆，9 元“鸡排 + 酸梅汁”是所有人都喜欢的爆款产品，可为什么同样的菜品遭遇“线下火、线上冷”呢？数据预警后，BD 专家指出，线上外卖鸡排产品没有写明“含免费酸梅汁一杯”的关键促销内容，导致大多数外卖消费者订一份鸡排一杯酸梅汁，却收到一份鸡排两杯酸梅汁，体验自然不好。

饿了么是数据驱动、智能算法调度的自动化生活服务平台，通过 O2O 数据的在线实时分析，与阿里云人工智能团队不断改进算法，以

“全局最优”取代“局部最优”，保证平台上所有餐饮商户都能享受到数据智能的科技红利。

“上云用数”的外部价值诸多，从饿了么内部反馈来看，上云不仅没有让运维团队失去价值，反而带来了“云原生应用”（Cloud Native Application）“云上多活”“内容分发网络云端压测”“安全风控一体化”等创新路径与方案，通过敏捷基础设施（如 IaaS）、微服务架构（如 PaaS 和 SaaS）、持续交付管理、DevOps 等云最佳实践，摆脱“人肉”支撑的种种困境，进而实现更快的上线速度、细致的故障探测和发现、出现故障时能自动隔离和自动恢复、方便的水平扩容。张雪峰说：“互联网平台型组织，业务量涨数倍，企业人数稳定降低，才是技术驱动的正确商业模式。”

在不久的将来，你每天订餐、出行、娱乐、工作留下的大数据，会“驯养”出无处不在、无所不能的智能机器人管家，家庭助理帮你点菜，无人机为你送餐，聊天机器人接受你的投诉……当然，这个无比美妙的“未来世界”背后，皆有阿里云的数据智能母体“ET”。

中金易云：AI 为出版社找到下一本《解忧杂货铺》

2016 年，全国出版、印刷和发行服务实现营业收入 23595.8 亿元，较 2015 年增长 9.0%，利润总额 1792 亿元，增长 7.8%。在图书出版方面，2016 年，全国共出版图书 50 万种，较 2015 年增长 5.1%；图书总印数 90.4 亿册（张），增长 4.3%；定价总金额 1581 亿元，增长 7.1%；图书出版实现营业收入 832.3 亿元，增长 1.2%；利润总额 134.3 亿元，增长 7.2%。[①]

总体来说，全国图书出版努力实现社会效益与经济效益相统一，图书出版、总印数和营业收入呈现稳步增长，经济效益维持在稳定水平上，确保了行业的持续发展。但图书出版业同样面临着严峻的挑战和实际的压力，在出版、发行、营销三大业务板块中，仅出版端就已经存在四大难题：

（1）图书库存量居高不下，图书出版质量亟待提高。

库存增速大于生产增速，总库存占年度出版图书定价金额的比例也从 71.1% 增至 72.3%，形成了“每出版两本图书就要库存一本”的行业共识。

（2）“新畅销书”一书难求，优秀作者难寻。

图书出版业“新畅销书”一书难求，以虚构类畅销书榜单为例，2014 年出版的《解忧杂货店》在 2016 年和 2017 年两度成为最畅销的虚构类图书。此外，“新畅销书”一书难求的现象，也折射出优秀作者难寻的行业普遍问题。

（3）大众图书出版利润率低，赢利手段单一。

由于图书出版业赢利模式单一，出版社基本上只是一次性售卖图书内容，大众图书出版的普遍利润率仅为 3%~5%，与国际出版业同行有着显著差距。以美国著名出版集团企鹅兰登书屋为例，其利润率已经多年保持在 14% 的水平线上。

（4）图书销量数据预测难、反馈慢、视野窄，市场响应迟滞。

---

① 数据来源：原国家新闻出版广电总局 2017 年 7 月发布的《2016 年新闻出版产业分析报告》。

目前，传统图书销量预测准确率不高，出版社—发行渠道—书店—读者之间的数据反馈机制不准确且效率低下，出版社很难及时有效地得到出版图书的全盘数据，这造成出版社对市场需求的响应犹豫、谨慎且存在长时间的迟滞。

出版业数字化转型三大共识

近年来，图书出版业者不断积极探索解决办法与发展路径，逐渐形成了图书出版业在出版端的数字化转型的三大共识：

第一，瞄准图书 IP（intellectual property，知识产权）化机遇，精准定位读者需求，寻找优秀作者（特别是畅销书作者），出版新畅销书，形成图书出版业的“爆款”，并向影视制作、文化消费等领域进行二次、三次售卖。

第二，积极贴近市场，实时、全量了解图书出版、发行、营销及评价数据，提高图书销量预测准确性，加快市场响应速度，做到“畅销书早备货，滞销品种早预警”。

第三，以“新畅销书”为核心，以图书 IP 化为手段，结合准确的市场预测和及时的市场反馈能力，提高图书出版业利润率。

为什么是中金易云?

中金易云是 2017 年由浙江省新华书店集团（以下简称浙江新华）和中金数据系统两家公司共同成立的图书行业大数据科技公司。得益于浙江新华和中金数据的注入，中金易云拥有图书出版业数字化转型的四大基础支柱。

（1）强健的信息系统。中金数据与浙江新华在ERP平台上的积累和能力，为中金易云收集真实、及时、细颗粒化的业务数据进行数据分析与洞察提供了坚实的基础。

（2）领先的物流及合作网络。在浙江新华的支持下，中金易云与超过100家出版机构开展了深度供应链合作，与15家发行集团建立了战略联盟。

（3）全量书目数据与真实业务数据。浙江新华图书出版发行中盘拥有20多个省的真实业务数据基础，将全国三分之一市场盘面数据囊括其中。

（4）行业理解。浙江新华与中金数据皆是图书出版业的“老字号”，有着对行业发展、行业创新深刻的理解，早在2016年，浙江新华就已经开始了行业调研。

中金易云成立之后，以开放互补的发展思路，寻找具有优势互补效应的外部合作伙伴，共同构建中金易云出版发行大数据平台。在调研了行业内多家潜在合作伙伴之后，最终中金易云选择与阿里云合作。

中金易云副总裁朱英认为，此次合作花落阿里云有两个主要的原因：

首先，阿里云在云计算、大数据领域有着强大、广泛的影响力，同时提供了功能完善、服务多样、地域广阔、技术完备的云计算服务，与阿里云合作为中金易云在全国范围内提供服务提供了可靠的支撑。

其次，阿里云在人工智能领域积累深厚，拥有先进的数据智能算法，可以快速实现业务应用，确保图书销量预测、图书选题及作者推荐等项目关键功能的有效性。

此外，中金易云创新应用中心总经理俞国忠表示，阿里云为中金易云提供了宝贵的市场及运营经验的分享，同时，在运维保障上做出了 2 小时响应的承诺，“无论是对中金易云出版发行大数据平台还是出版社，都是值得信任的保障”。

经过中金易云与阿里云的紧密协调和深度沟通，双方制订了“(出版发行)大数据中台 + 数据智能(人工智能算法)”的技术实施方案。

出版发行大数据中台

(1)数据上云：将来自浙江新华书店 ERP 系统、中金 ERP 系统以及其他中盘提供的数据，与来自爬虫系统的数据，统一汇总到阿里云数加 MaxCompute 的企业大数据仓库，实现数据上云。

(2)爬虫系统：开发互联网数据爬虫系统，爬取图书销售、书评、商品评价、类目交互、作家相关信息、舆情等重点领域的数据，形成对中金易云内部数据的有效补充。

(3)云上大数据架构建设：对 ERP 数据和爬取的数据进行数据仓库建设，并通过该数据仓库，通过算法和模型建设相应的标签体系，打造不同层次客户的画像，最终向数据应用层提供数据访问。

此外，阿里云为中金易云提供了大数据应用产品和应用系统 Web 端和 H5 页面的开发。

人工智能算法开发

(1)标签生产算法模型：使用 fasttext 等深度学习算法，根据空白分类书本的相关描述属性，例如简介、读者分类、题材等，自动分析推荐出书本标签。

（2）图书销量预测模型：通过图书多维度信息，设计更适合特定品类的预测误差评定标准，最后根据图书品种历史销量数据、网络舆情数据、电商平台销售及评论数据，综合利用统计优化模型、机器学习模型、时间序列预测模型等多种不同算法模型，对不同图书品类进行图书销量预测模型建模。

（3）个性化推荐系统模型：基于个性化推荐系统原理，根据不同的应用场景，利用基于用户/商品的协同过滤、矩阵分解、监督学习方法进行推荐系统建模，如针对出版端智能选题场景建立选题推荐模型。

（4）库存优化模型：基于大数据策略和库存优化算法计算出最优的中盘图书库存各品种备货数量，提供有针对性的库存优化解决方案，同时根据海量的历史库存数据，建立库存分析预警的机器学习模型。

在第一期项目中，中金易云与阿里云重点完成了针对出版端的技术开发与方案实施，在产品服务上达成三大阶段性成果：

首先，出版社数据上云及数据标准化。截至目前完成10个省的图书发行数据上云，计划到2017年底覆盖超过20个省份，并且以数据中台思路方法论帮助出版社提高数据上云效率，并完成行业数据规范化与标准化，大大提升图书行业数据收集与整合效率。

其次，数据智能化。基于300万书目数据，过亿条销售数据，千万级爬取数据，百万作者库数据，定制研发超过8种智能算法，构建了“提炼标签—建立模型—确立关系—生成洞察”的核心能力：建立出版社多维度画像模型、出版物标签体系及画像模型、作者多维度画像、读者画像模型；利用人工智能算法，进行作者画像与出版物畅销指数、读者画像与出版物标签特征的交叉比对，打通“作者—出版物—出版社—读者”四维关系图谱。

最后，消除信息孤岛。覆盖全国1000余家出版社，把出版社与中盘发行连接起来，打通营销上行路线、订货下行路线，并整合网络电商渠道，形成可分层、可对比、可互动的出版发行网络。

出版社业务战略朝以“技术 +IP”为中心转向

近年来，出版社已经从以出版人为中心，转向了以管理为中心，出版社入驻中金易云出版发行大数据平台之后，以“技术 +IP”为中心的战略转型，将随着出版社对平台的深度使用而逐渐发生。

首先，“大数据中台 + 数据智能”为出版社赋能，让出版社认识到技术能力在图书出版业的重要作用，并将技术能力的提升和对中金易云出版发行大数据平台等第三方平台技术能力的吸收，作为业务战略的重要组成部分。面向出版社的技术赋能将从如下三方面展开：

第一，全面直观展现数据，洞悉经营情况。

深度整合出版社全维度经营和行业市场数据，通过精细设计的图形用户界面，出版社管理人员可以直接获知行业趋势与本机构经营概况。

第二，及时获悉脱销、滞销风险，及时响应市场需求。

出版社及发行渠道将及时获得畅销书备货不足品种的预警（畅销预警）和备货过量的滞销品种预警（滞销预警），避免发行渠道类型的错配，做到“畅销书早备货，滞销品种早预警”，实现动态、准确的库存优化。

第三，选题助手精准辅助选好题，选好作者，做好选题。

（1）找到畅销书：以选题多维参数为依据，智能匹配品种，生成图书出版畅销书潜力、销售预测等报告，找到最有可能成为畅销书的选题，快速完成“多题选做”（对多个选题做出取舍）的工作。

编辑人员将拥有大量数据洞察支撑和数字化手段辅助，投入大力度进行“专题精做”（大力支持畅销书），做出比肩《解忧杂货铺》的新畅销书。

（2）发现好作者：结合出版历史、销量走势、网络舆情以及作者综合能力画像等信息，综合判定作者是否具有优秀作者（及畅销书）的潜力，从而达成选题合作或在作者成名前建立紧密的关系。

（3）做好“选题多卖”：出版发行的选题资源形成多次延伸开发、多媒体协同的综合效应，以畅销书内容打造文化 IP、故事 IP，实现图书 IP 化，向影视制作、文化消费等领域进行二次、三次售卖，做到一题多做。

进一步的转变将随着出版社以“大数据中台 + 数据智能”为基础的图书 IP 化逐渐展开，“大数据中台 + 数据智能”将显著改善出版社图书 IP 化工作的投入准确率，为出版社带来更高的投资收益，系统、可见、批量的图书 IP 化成为可能。随着出版社在图书 IP 化上获得远超以往的收益，图书 IP 化及图书内容的二次、三次售卖将成为出版社的重要收入来源。

最终，出版社将实现以“技术 +IP”为中心的业务战略转向：以技术赋能业务，创造和挖掘新的畅销图书 IP，继而通过图书 IP 的销售，获得远超以往传统图书码洋数十倍乃至百倍的收入，而这些收入还将进一步提高出版社对技术的投入水平，形成图书出版业发展的良性循环。

目前，随着平台第一期项目的上线（见图 4–3），中金易云“以大数据思维方法论重构出版发行行业”的战略愿景获得了坚实的大数据中台与智能算法基础，磨铁图书和中国地图出版社两家出版单位已经进行业务测试，并取得了良好的效果。

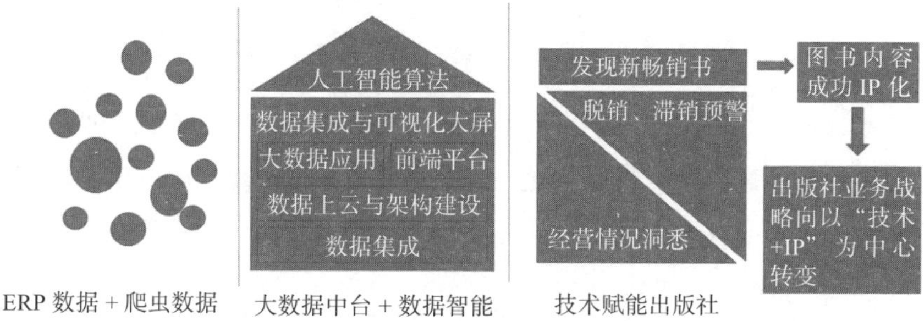

图 4–3　中金易云第一期项目架构

图片来源：阿里云研究中心。

出版社组织战略的转变：成数据驱动型组织

“大数据中台 + 数据智能”的图书出版业数字化转型趋势将对出版社的组织架构产生影响。

老编辑将大幅度减少原本需要经手的无效、低畅销度选题，逐渐成为出版社的畅销书把关人，将工作重心转移到图书的专题精做、一题多做上，集中精力进行图书 IP 化的工作，变身图书 IP 化的“操盘手”。

新编辑在快速提升专业技能之外，将有大量的时间、精力进行畅销书选题、优秀作者的筛选，将挖掘选题和作者的视野逐渐放大，逐渐成为出版社的“星探”。

在可预测的未来3~5年，有技术、有想法、有积累的出版社，如浙江新华，将依托中金易云出版发行大数据平台，成长为数据驱动型组织，构建以输出图书IP为核心的高盈利知识服务体系。

需要指出的是，数据智能，即人工智能算法（数据智能算法），是数据驱动型组织有效、高效利用数据的必要条件。阿里云拥有强大的人工智能技术储备和研发力量，不仅在算法方面有深厚积累，更可以从具体的场景和问题出发，研发算法系统，为客户提供定制化的数据智能算法及配套的云平台构建、数据集成与数据治理、可视化大屏展现等解决方案。

中金易云要让“天下买书和卖书都没有困难”

中金易云出版发行大数据平台的第二期工程即将开始，新的一期项目将针对图书出版业的发行端、零售端、运营端提供大数据平台和数据智能。中金易云副总裁朱英表示：“新一期项目将打通内容（生产端）与读者（C端），做到让读者选择内容IP，并最终在图书零售市场打造出智慧书城，形成从出版、发行到零售、营销的全流通文化供应链。”在发行端，支持构建全国范围内以数据驱动并结合智能算法的发行端大数据中台，协助打造发行集团服务中心智能；在零售端，针对图书门店选品困难、服务不对位、图书摆放粗放的问题，致力于打造极致单店。

在案例调研的深度访谈中，朱英不断强调，中金易云的目标不是仅仅搞业务、搞销售，而是要认认真真地为图书出版业做点事情。他谈道，浙江新华原董事长周立伟早在20世纪90年代构建ERP系统、产品库及全量书目数据时就有一个梦想，那就是“浙江新华积累的业务数据，迟早要服务于整个行业”。因此，朱英表示：“中金易云的目标，不只是为浙江新华解决问题，而是要为整个行业解决问题。”

从供给侧结构性改革的角度看，出版社就是最直接的供给侧；出版高质量、畅销度高的图书，建立出产高质量图书及图书IP的体系，就是提高供给体系质量。中金易云出版发行大数据平台正是以数字化转型为核心思路，以大数据中台与智能算法为基础的出版业供给侧结构性改革的成果。

恒逸石化：用“计算消耗”取代“能源消耗”

恒逸石化股份有限公司是一家产业链一体化、石化化纤主业突出的股份制企业，它生产的精对苯二甲酸（PTA）和聚酯纤维（PET）全球领先：精对苯二甲酸的产能达1350万吨，占全球40%的市场份额，排名第一；聚酯产能全国排名前三；集团现有员工10000余名，总资产近400亿元，连年跻身中国企业500强。

恒逸石化虽然是中国化纤行业的佼佼者，但在过去的5年，公司盈利受到严峻挑战。由于受到全球经济下行的影响，整个行业处于下降通道。2012—2016年，我国聚酯化工产能加速扩张导致过剩严重，行业开工率从2011年的90%骤降到70%，竞争压力巨大。

面对上述困境，“十三五”规划为中国石化行业发展明确了主要方向：调结构去产能，创新驱动，绿色低碳发展；大力推进智能制造，加快两化融合；加强大数据、云计算在化纤生产全流程应用领域的研究。

恒逸石化近几年开始了在智能制造与工业大数据方面的探索。公司打造的聚酯纤维智能工厂，实现了各生产环节的可序化、数字化和智能化。公司在2016年年报中也推出了“互联网+”行动计划，重点推动电子商务、大数据、机器换人、机联网等与公司业务进行结合，推进公司由“制造”向“智造”转型。2016年，恒逸石化把智能制造列为公司的三大战略之一，由信息化部门牵头推进，这为后来的工业大数据项目做了很好的铺垫。

大数据项目团队搭建

智能制造大数据项目由CIO统一协调，高效推进各项目开发、落地、实施。公司IT团队的人才结构是跨学科的，除了IT人才，还会招揽有自动化控制、化工、大数据甚至项目咨询管理背景的人才。这种跨学科团队既了解新兴的IT技术，又懂生产工艺，在新技术与工业场景的结合上体现了很大的优势。

当问到为什么选择与阿里云合作，恒逸石化CIO廖宁平回答道：“化纤行业作为典型的流程制造行业，具有工艺一致性和标准程度高的特点，需要复杂的品质管控，整个生产过程都是由系统自动化控制，数字化程度高，积累了大量相对完整的生产历史数据。然而所有的数据都处于沉睡状态，并不知道如何开发、利用，行业内部也没有找到相关的最佳实践。我们希望能够借助阿里云在云计算与人工智能领域的专业知识，跳出化工行业的传统思维框架，唤醒这些沉睡的数据。”

2017 年 3 月，阿里云数据科学家正式入驻恒逸石化智能制造大数据项目组。项目团队由恒逸石化 CIO 廖宁平整体负责，形成由信息化部门、生产部门与阿里云大数据专家组成的三方联合作战团队。

哪里才是痛点

起初，恒逸石化与阿里云大数据团队由于对对方领域较为陌生，并不清楚项目该从哪里切入。恒逸石化工艺专家亲自带领阿里云大数据团队下车间实地调研。经过团队多轮讨论，认为从降低能耗入手，项目风险相对较小，也存在较大的提升空间。化纤行业属于高耗能行业，哪怕是提升 1% 的燃煤效率，即可节省上千万元的成本，潜在效益可观。

锅炉是工厂的核心发电装置。工程师凭借经验对锅炉的各种运行参数进行调节，控制炉温。然而，锅炉设备结构复杂，燃烧过程中变量多，压力、流量、风速、温度都会影响最终的燃烧效率，牵一发而动全身。仅凭经验判断，难以精确数百个变量间的逻辑关系，更无法根据锅炉燃烧状态做实时、动态的参数调节。同时，经验的传承与沉淀也是个问题。经过恒逸石化工艺专家与阿里云大数据专家的评估，一致认为提升燃煤效率“大有可为”，于是定下了工业大数据项目的阶段性目标：通过云计算与深度学习识别锅炉燃烧过程中的关键因子，找出最优参数组合，提升燃煤效率。项目团队以杭州聚酯工厂作为试点，并选择了其中的一个燃气锅炉做数据的采集、分析与测试。项目正式启动！

项目过程

很多企业在开展工业大数据项目时，都是倒在了数据采集这一门槛。而恒逸项目团队在这方面并没有遇到很大的挑战。石化行业的自动化与数字化一直保持较高水平，作为石化行业的领军企业，恒逸多年来一直注重数据的积累，累积了大量的全量历史数据，大大降低了大数据分析的门槛。为减少工程师与阿里云数据专家间的矛盾与误会，公司为技术骨干增开了培训班，帮助他们了解云计算、大数据等新一代数字技术的价值，以及未来工程师的职能定位，消除他们的顾虑。而阿里云的数据专家们也在积极补课，阅读了大量的设备与工艺资料，以减少专业层面的沟通障碍。就这样，双方逐渐建立了信任。

项目的具体推进可大致分为三个阶段：

阶段一：模型搭建。项目团队收集了过去 7 天的离线数据，多达几百个不同维度的参数，包括锅炉温度、压力、流量等。数据科学家借助 MaxCompute 大数据平台，通过数据建模，对工艺参数进行量化分析，寻找关键参数。通过算法与机器学习，从最初的几百个参数缩减到十几个对燃烧温度影响最大的关键参数（具体参数暂不对外公开），并基于这十几个关键参数搭建参数模型。

阶段二：参数调优。阶段一所搭建的模型需要“喂”更多的数据才能验证其准确性。数据专家用最近三个月的离线数据对模型进行验证，并对参数做进一步调优。对一些超出工业常识与边界范围的参数设定，工艺师傅们则会给予及时的反馈。就这样，经过多轮的调优，形成了更为优化的参数模型。

阶段三：上线测试。参数模型只有拿到线上实测，才能验证其有效性。上线后的第一次测试结果就超出了大家的预期——燃煤效率提升 4.1%。这意味着一年就可节省 1600 万元的燃煤成本。如果在公司内部全面推广，全年燃煤成本节省非常可观。阿里云数据专家民齐（化名）解释说，虽然模型被验证是有效的，但是参数会根据实际的环境变化而动态变化。阿里云借助 Data Hub 大数据平台对数据进行秒级采集，并每隔两分钟做参数的动态推荐。工艺师傅则会手动将数据录入到设备中，实时控制锅炉的燃煤状态。

下一阶段目标

在试验线上所取得的成果证明，利用大数据与人工智能技术降低能耗是行之有效的。下一阶段的目标则是经验的复制与推广，横向与纵向并行，最终将试验线中的研发成果在大规模生产中精准落地。

横向：能力输出，实现跨工厂的复制与推广。当前项目团队仅是以一家工厂的一个燃烧装置作为试点。项目团队接下来的任务是做知识与经验的沉淀，把能力输出给更多的工艺专家。在阿里云数据科学家有限的协助下，工艺专家可独立调用云计算、大数据、数据模型等技术，自行对设备进行调节。

纵向：深化云计算与大数据在核心生产环节中的应用。团队目前正研究如何利用工业大数据提升聚酯生产过程中酸值的稳定性，以及生产设备的预测性维护。同时，设备可自动接收动态工艺参数推荐，并做相应调整，无须人工干预。

恒逸大数据项目引发的思考

人工智能与化工行业天然适配

根据中国信息化百人会2016年统计，石化行业的生产设备数字化率与关键工序数字化率分别是53.6%与68.8%，远高于其他工业垂直行业。在数据实时全量采集上，基础相对扎实，更容易形成数据价值闭环。此外，石化行业属于资本密集型产业，设备资产投入大，生产环节中单个工序所产生的价值占总价值比重高，因此人工智能技术所带来的投资回报率也更为可观。

人工智能与工艺专家

人工智能专家吴恩达说过，人工智能的落地应用，创造了更高级的工作形式，经过培训的员工可以拿到更高的薪资，可以从事更高级的劳动方式。人工智能与工艺专家并不是对立关系，而是相互吸引。被人工智能技术“加持”的工艺专家会成为企业的核心资产。

谁来领导智能制造?

对于应该由谁领导企业的智能制造转型，一直存在争议。制造部门凭借其在生产工艺专有技术上的优势，通常会赢得在智能制造项目上的领导权。而恒逸石化向我们展示了信息化部门在智能制造项目上的优势与领导能力。智能制造的数字化、网络化与智能化需要IT赋能，转型成功的信息化部门会从企业的边缘部门跃升到企业的核心部门，成为智能制造创新的引领者。

阿里云创始人王坚博士说过，“没有互联网的制造业没有未来”。衡量经济发展水平的标准将慢慢从以电的消耗向以计算能力的消耗程度转变。制造业会是消耗整个世界计算能力的最重要部分，也许会超过 70%。云计算、大数据与人工智能正成为新的生产要素。生产环境的信息以数字化的方式呈现，数据在两个平行世界间流动并形成闭环，可以创造巨大的商业价值。阿里云在包括天合光能、中策橡胶、协鑫光伏、恒逸石化、固德威力等众多工业大数据项目中，证明了云计算与人工智能在良品率提升、生产工艺优化、设备可预测性维护、降低能耗等场景的巨大潜能。未来，算法工程师下车间与工艺专家一起调优参数，将成为制造业的“新常态”。

企业“智能化”：机器智能超越人工智能

目前 AI 产业化呈现“冰火两重天”的反差，传统企业由于缺少 AI 技术人才而独自面对一堆产业问题，而众多科学家组成的人工智能公司掌握“屠龙刀”却找不到产业场景。鉴于此，阿里云 ET 大脑将数据科学家团队派入工厂、政府、医院等产业环境，与工业专家、农业专家、医疗专家、交通专家跨界重混，研发出多个高价值的“行业大脑”。

（1）工业大脑：领先全球的中国光伏产业正在全面上马“工业大脑”，产业链上游协鑫光伏、中游天合光能、下游固德威都在运用从工厂中收集的大数据建模，调优算法，提升良品率，降低能耗，预测生产线设备故障。“工业大脑”将协鑫光伏的良品率提升了 1%，每年为协鑫光伏节省了上亿成本；将天合光能的 A 品率提升了 7%，为天合光能增加了数千万利润。

（2）城市大脑：澳门、杭州、广州等城市纷纷采用“城市大脑”

治理大城市的交通顽疾，以路面摄像头为“眼”，以智能算法为“脑”，以红绿灯为“手”，以交警机动队为“腿”，针对实时交通路况提供全局最优解。杭州试点路段车辆通行速度提升 11%，每一位司机通过试点区域的时间减少 15.3%；萧山 120 救护车接诊的时间缩短了 50%。

（3）医疗大脑：中国大量偏远地区影像医生数量不足，大城市医生工作负载很重，人工误差不可避免，采用“医疗大脑”学习 X 光片、超声片、CT 片、MRI 片、病理切片、PET–CT 片等影像资料，自动识别结节，判断结节性质（良性或恶性）。算法诊断将人工诊断时间从 30 分钟缩短到 3 分钟以内，并且比人工诊断准确率提升 20% 以上。

（4）农业大脑：无锡通过综合分析气象数据、作物数据、水利数据、地理数据、经济数据、卫星遥感数据，“农业大脑”自动识别玉米地图片，对大面积作物自动监测长势、监控病虫害 / 水利灾害、监测生长阶段、预测产量与零售需求，节省大量农业劳动力，并在线提供 AI 专家建议。

（5）航空大脑：广州白云机场、亚航、南航、厦航利用航空大数据，预测客流时空分布、优化航线网络、航班延误智能恢复、人脸识别一证通关。采用“航空大脑”后，白云机场航班靠桥率提升至 90.91%，旅客靠桥率提升至 94.73%，让更多的差旅人士告别了摆渡车。

（6）环境大脑：众多企业采用“环境大脑”，实现环境综合管理、智能环保监察、智能环境监测、智能环境应急。国家海洋局利用大数据捕鱼，梦兰神彩进行固废智能评估，国家地震局用地理数据捕捉余震震源位置，而中国气象局、中国天文台都在云上进行大量数据分析、教学培训。

截至目前，阿里云 ET 大脑已经为 20 个行业提供 3000 多种解决方案，覆盖 10 万多家企业。

第五章
生态化创新战略

过去十年，孕育出了第一批可能是万亿美元的公司，但它们只不过在在线广告、在线社交、在线零售方面取得了足够大的进步而已，绝大部分的行业都还是一个完全开放的竞技场。未来十年，是智能商业的机会。

——阿里巴巴学术委员会主席、湖畔大学教务长 **曾鸣**

未来十年的下一代商业模式是智能商业，因其数据智能与网络协同的特征，可产生长期性、自驱动、正循环的“黑洞效应”。知识型生态的例子是维基百科，大规模自发完成在线知识库，总编辑次数超过10亿次，共有285种语言版本；商业型生态的例子是淘宝，小微店主在线调用API服务，瞬间获得全网几百个服务商的数据资源，数十万服务商组成了零售领域的“App Store”，亦形成了繁荣的API经济市场。[①]

企业“生态化转型”的本质是“智能协同化”，曾鸣教授提出下一代智能商业具有三个典型特征：（1）利用互联网和算法的优势，低成本实时地服务海量用户；（2）满足每一个用户的个性化需求；（3）服

① 《看十年：智能商业的核聚变》，曾鸣，2017年。

务自我更新、自我提升的速度非常快。当不同产业链都实现在线化、数据化、智能化后，个性化需求、生产资源、服务人才会在一张生态协同大网中自适应调度，智能推荐合作方，跨界资源合作共享，在“生态大脑”的算法帮助下，以长尾服务精准匹配长尾需求，以社会资源解决每个人、每家企业遇到的个性问题，根据需求来动态调配供应链，做到真正的社会资源流动，即“C2B2M”（Consumer to Business to Manufacture）和“S2b2C”。智能企业位于产业升级“三浪叠加”的终局，在这个时期，智能商业“三元素”的价值实现最大化，产业格局已经固化，即将迎来以“量子智能”为代表的新商业长周期。

智能（Intelligence）：公司的边界已经淡化，平台的无边界延展性、实时调度能力成为关键，由个人专家、企业、商店、工厂等垂直领域团体组成群体智能特征的产业协同网。如果将物联网、移动互联网看作“蜂巢”，那么每个商业个体资源都将成为“蜂群”中的一员，由“云脑”在最合适的时间调度到最需要的商业场景中。

协同（Coopration）：全局在线智能协同成为主流趋势，跨供应链、跨企业、跨行业、跨国的全局协同、算法效能、AI 博弈是商业竞争的法宝。共享经济让商品的使用权与所有权分离，商品的最优归属时间、归属人成为社会高速发展的关键成功要素。3D 打印让产品的设计与制造分离，产品的社会共创设计、分布式 / 家庭式生产开始普及，海量创意的设计师、专家的“异构协同”，会产生许许多多不可思议的跨界精品。

精准（Accurate）：以数据发现未知需求，以智能精准调配资源，以网络最优化线下供应链。联合国经济和社会事务部人口司预测，

2050 年地球将迎来 100 亿人口。比特赋能原子。能够自我改良的全局感知、全局计算、全局智能将地球上的所有物理资源利用效率提升至极高水平，为规模庞大、日益密集的地球人口激活“地球时代”（与“宇宙大航海时代”对应）的所有经济潜力。

“智能生态模式”迎来协同网时代

全世界 50% 的人口集中在 1% 的地表空间内，这个区域叫作“城市”。城市是社会物资、人口、资金高度密集的政商综合体，衣食住行消费旺盛，体验和效果参差不齐，协同网的智能调度正在大展身手。加拿大多伦多的滨湖东规划区正在 325 公顷（800 英亩）的土地上设计、建设一座“数字之城”：分布式发电、智能热电网组成城市新能源协同网；自动驾驶公交、渡轮、汽车、地铁、自行车由人工智能连接为“一站式出行体系”；地下交通管道中的无人驾驶卡车、运货机器人、自动输送至每一栋房屋的水电煤气；自行车道上的传感器能够自动发热消融冰雪；人、物、自然环境在“数字城市”中协同共生。

与北美相比，这种新型“数字城市”在中国起步更早。早在 2016 年，杭州交警携手阿里云研发“ET 城市大脑”，机器学习全城 40 多万个道路传感器、摄像头收集的实时路况数据，判断通行效率、红绿灯最优设置，协同 128 个智能信号灯，为长期拥堵的试点路口节省 15.3% 的通行时间，主城区“城市大脑”自主识别的交通事件日均报警 500 次以上，准确率达到 92%，大大提高了执法指向性。2018 年，阿里云“城市大脑”辅助重庆公共交通网络设计和调度，全局实时自动调配公共出行资源，缓解城市拥堵。随后，中国自主研发的“城市大脑”解决方案相继落地苏州、衢州、西安、深圳、雄安，并从澳门走出国门向马来西亚、新加坡等地输出，为中国成长为世界网络强国、数据强国、智能强国走出了一小步。

淘工厂：数据驱动制衣厂

海诺威制衣厂是浙江桐乡一家只有不到50名工人的代工厂，成立于2004年，以代工生产羊绒衫、羊毛衫为主，是淘工厂平台上万家生产企业中再普通不过的一名成员。然而淘工厂对这家工厂而言却意义非凡。自2014年将业务搬到淘工厂平台以来，海诺威完成了一次华丽的转身。工厂营业额从2014年的1500万元一跃升至2017年的5000万元，回款从过去的2~3个月减少至仅7天；交货周期从3个月缩短至4天，获客率达到50%，而业务人员却从2014年的16名减少到今天的0。这一串数字的背后，海诺威到底经历了怎样的故事？

海诺威制衣厂总经理王振波谈道，别看工厂只有50名员工，但在桐乡市的服装加工企业中，已经可以排进前20名。该市的服装加工企业多是平均10~20名员工的小作坊，这样的微型服装代工厂，桐乡市有15000家之多。在2014年之前，这些小工厂所经历的“痛”，海诺威制衣厂一样也没有逃过。

要命的现金流：服装代工行业的账期通常是两个月以上，采用传统的“361式”，即30%订金、60%货款、10%尾款。王振波提到，欠账是服装代工行业的常态，能收到尾款是一种奢望。对利润本就非常微薄的服装代工行业来讲，现金流就是企业的生命线。资金周转不畅多是压在企业身上的最后一根稻草。2014 年以前，海诺威因欠账问题，几次徘徊在关门的边缘。

沟通成本高：公司过去有十几名销售人员，采用广撒网的方式，长年驻扎在宁波、温州一带，开拓市场。中国的商业氛围复杂，企业做的都是人情生意，找寻客户、与客户沟通的成本太高。

淡旺季太过明显：每年 7—10 月是生产的旺季，有时候日夜赶工，即便从外面临时高价雇人也难以满足订单需求。然而旺季一旦过去，则是产能的大量闲置。这种“饥一顿饱一顿”的生产方式造成了大量成本以及资源的浪费。

王振波清楚记得，2013 年的代工生意尤其差，欠账严重，客户甚至连货都不要就跑掉了。他感慨道：“当年为了资金周转，钱都是向亲戚朋友借的，工厂的员工也都是当地跟随多年的街坊邻居，如果工厂倒闭，不知如何交代。”

就这样，2013 年，王振波都是在忧心忡忡中度过。2014 年，经由弟弟不经意地提起，王振波第一次接触到了阿里巴巴的淘工厂平台。淘工厂成立于 2013 年，定位为连接淘宝卖家与服装加工厂的贸易撮合平台。王振波起初仅是抱着试探的目的，于 6 月在平台上正式申请店铺，试水线上业务。自入驻以来，平台的确给业务带来一些变化，但算不上惊艳。淘工厂起初更像是一个垂直电商网站，提供大量的买家、卖家信息。虽说淘宝旺旺每天都响个不停，一天甚至能接到上百个淘宝卖家的询价，但成交寥寥，关键原因在于供需的不匹配。服装加工看似简单，其实品类繁杂，卖家五花八门的需求与工厂的专业能力间存在着严重的适配问题，双方体验很差。

数据与算法的加持

然而自2016年起，王振波开始感受到平台正在发生变化，并带来了三个惊喜：

（1）精准贸易撮合：王振波发现每天淘宝卖家的访问量急剧减少。从每天的几十、上百次，减少到个位数。然而，形成交易的概率却高得惊人，甚至达到50%以上。每天源源不断的订单也让企业产能的分配更加均衡，全年有活干。随着订单自己送上门，王振波索性关掉了全部的线下业务，全部精力放在线上的客户服务体验上。

（2）全链路协同：麻雀虽小，五脏俱全。工厂日常需要采购、管理的物料达到上百种之多，包括全棉、羊毛、羊毛混纺、羊绒、特种纱等。过去，一种物料的寻源就要花上几周甚至是几个月的时间。而如今，只需动动鼠标就可以在平台上淘到丰富的供应商资源，节省了大量时间成本。更为神奇的是，平台提供的补货预测功能，可基于淘宝卖家的库存与过去的销量，预判未来销售数据，从而指导工厂提前准备原材料库存。这样一来，交货期可由过去的7天缩短至4天，生产变得更从容。

（3）现金流：基于淘工厂线上交易，到货即可获得全款，回款周期仅为一周。如果产品在质量上出现纠纷，淘工厂平台可作为中间人进行仲裁，买卖双方无须担心维权问题，整个纠纷处理时间不超过两周。

探其究竟，上述变化的背后是平台数据化运营所产生的效果。在供应侧，工厂把包括产品品类、工人数量、产能状态、以往客户质量评价、交货期等信息开放给淘工厂平台。在需求侧，淘工厂通过数据进行海量线上中小品牌的需求聚类，对同类产品需求的淘卖家做用户画像。随着平台上零售和生产供应侧大数据滚雪球式的累积，平台通过算法与建模可以实现淘卖家与工厂能力的精准匹配。由此，供需双方的体验发生了质的变化。同时，这种以数据驱动的匹配方式正在向全价值链延伸，包括与上游设计师资源的精准对接。同时，基于数据的产能共享，使得工厂在旺季产能不足的情况下，可及时获得其他工厂产能上的补位。

倒逼工厂转型

淘工厂并不是天上掉下的免费馅饼。淘工厂以客户为中心、数据为驱动的商业模式也在不断倒逼传统的服装加工企业转型。王振波表示，自打业务全部在线化以来，企业的转型更加迫切。

生产流程优化：业务从线下搬到线上以来，工厂从过去的大批量订单，服务少量大客户，到现如今的小批量个性化订单，服务上百个中小客户，这对生产的柔性化与个性化提出了更高的要求。面对这一挑战，工厂把过去 20 人一组的大流水线，拆成 5 人一组的小流水线。每名组装工人都要求熟悉包括平车、上领、门襟在内的多道生产工序，每名工人需具备独立应对流水线的能力以应对个性化订单的需求。

生产数字化：生产流程数字化是提升生产运营与决策效率的另一关键。工厂并不打算对管理系统进行大手术式的改造升级，而是以微创的方式，充分利用每一位工人手中的手机，通过开发智能生产管理系统 App, 在无须大量培训和学习的情况下，实现生产的数据化与可视化，优化企业决策。同时，设备上云也被提上日程。通过生产的云化，并与淘工厂平台的对接，可帮助客户实时了解订单的状态。

客户体验升级：如今工厂已经不为寻找客源发愁，最重要的是做好线上服务体验。工厂与淘宝大学合作，通过线上视频直播的方式，为淘宝卖家普及纺织加工方面的知识，减少与客户间的沟通成本。此外，通过和淘工厂的设计师合作，为淘宝卖家推荐更符合当下时尚潮流的服装款式。

绩效管理重构：过去考核员工绩效偏主观，随着商业模式的改变，以及员工职能与技能的转变，过去一些传统考核指标已经失效，亟须设计一套新的考核指标体系以激励员工的主观能动性，释放其创造力。

上述转型已初见成效，王振波信心满满地表示，2018 年工厂将扩产 30%，营业额计划从 2017 年的 5000 万元，增长到 2018 年的 8000 万元。

海诺威转型引发的思考

我国中小微制造企业占制造企业总数的 90% 以上，是中国制造转型升级的主力军，是工业互联网发展不可或缺的重要拼图。海诺威制衣厂的转型案例以及淘工厂平台模式对百万中小企业的数字化转型具有很强的启示与借鉴意义。

首先，中小微制造企业的数字化转型路径与大型企业截然不同。受制于资金与人才短缺的困扰，与大型企业动辄花费几百万、上千万元进行工厂智能制造升级不同，小微企业更倾向于借助类似淘工厂

“少花钱即能见效”的赋能平台，先解决基本的生存与温饱问题，再思考业务的可持续性发展。

其次，发展工业互联网已被国家认定为中国制造实现换道超车的关键。GE Predix① 常被视为工业互联网的代名词。然而 Predix 平台基于设备互联所衍生出的新服务模式对“几十个人，几杆枪”的小企业来说有些高不可攀。小企业更关注与人的连接，通过消费互联网与工业互联网的无缝对接，增加新的营收渠道，增强客户体验，获得新的客户，继而以客户需求为驱动倒逼工厂内部生产的柔性化。

最后，一个真正赋能中小企业的平台需要能为企业背书，提供共同的品质与信用保证。需要提供包括设计、金融、物流、验厂在内的多种服务资源；需要对原有线性供应链各个环节重构，形成协同网络，充分发挥网络协同的黑洞效应；需要以 SaaS 服务的形式，为企业提供数据智能的决策支持。

斑马汽车：跑在互联网上的汽车

斑马汽车是上汽与阿里联手打造的汽车界新物种。2016 年 7 月 6 日发布的首款搭载 AliOS 操作系统的互联网 SUV 荣威 RX5，上市首月订单便超过 2.5 万辆，目前累计销量高达 40 万辆，AliOS 活跃装车量已经超过了特斯拉，月活跃度 99%。从上面这一连串数字来看，斑马互联网汽车发展到今天无疑是成功的。然而是什么原因让斑马汽车

---

① Predix 是通用电气推出的一个针对工业领域的基础性系统平台。——编者注

从众多的互联网汽车中迅速脱颖而出，成为一匹黑马？ 斑马网络副总裁周平的解释有些出人意料："斑马汽车之所以取得了一定的成绩，是因为我们在推动互联网汽车发展的道路上犯了很多错误，走了不少的弯路，踩了太多的坑。任何一家汽车厂商或是互联网公司都没有吃过，甚至是没有机会吃到这些苦头。"这样的解释似乎又在情理之中，世上本无路，走的人多了才变成了路。可以说，斑马网络成立至今的三个关键发展阶段，不是由所取得的阶段性成功来定义，而是以困难与危机的化解作为标志。

阶段一：上汽与阿里的漫长联姻路

早在 2010 年，上汽就开始探索车联网技术解决方案，曾经开发 inkaNet 系统，并在荣威 350 上搭载实验，但并没有达到预想的效果。从董事长陈虹到管理层，都不认为这套方案会是智能网联汽车的未来。他们一致认同，这个未来不会在上汽体系内发生，必须要注入新的基因。于是 2013 年，上汽首席架构师张新权得到董事长陈虹授命，负责车联网合作项目。在接到任命后，张新权开始考察国内车联网行业现状，并委托时任高德软件副总裁周平做了一次车联网行业咨询，最后周平综合多方利益，把阿里巴巴 CTO 王坚博士推到了张新权面前。2014 年 2 月 24 日，张新权与王坚在太极禅院初次见面，相谈甚欢。王坚提出，"要做互联网汽车，就一定要把未来的终局想清楚，否则路就会走偏"，这个终局就是要打造"云 +OS（操作系统）+ 端"，即真正意义上的网联汽车。张新权把王坚对未来汽车的构想带给了陈虹董事长，尽管与王坚素未谋面，但出于对张新权的信任，在管理层会议上，陈虹做出了与阿里合作的决定。

得益于前期长达 8 个月的铺垫，2014 年 7 月 23 日，上汽与阿里宣布战略合作。2015 年 3 月双方投资设立 10 亿元的“互联网汽车基金”（各占股 50%），并组建合资公司斑马网络。

阶段二：汽车人与互联网人的冲突，诺曼底登陆！

上汽与阿里的蜜月期结束得很快，双方在合作开发斑马 OS 的过程中，很快就产生了“进度鸿沟”。汽车工业经过百年的造化和磨炼，形成了一套线性的、硬件驱动的研发流程。按着这条业界公认、严谨的研发体系，可以确保以最低的成本生产出高质量、高安全性的汽车。然而互联网时代，随着汽车智能程度与互联网化的提升，软件在汽车研发中的比重显著增加，而软件的研发与迭代速度在挑战传统研发架构的权威。于是，斑马内部出现了两种截然不同的开发节奏，传统车厂的周期都是以“年”计，而阿里的迭代周期是按“月”或“周”来计，这两者间节奏的互斥导致项目管控出现严重问题。

很快，对产品形态理解上的分歧开始激化，双方也越来越情绪化。归根结底，这是两家企业基因与思维方式上的矛盾。阿里价值观很强，怀揣改变世界的梦想，但往往在合作过程中缺少弹性、张力与变通。而上汽作为中国汽车行业的翘楚，自然不会随便接受外行的“指手画脚”。两股势力几乎“天天打架”。最懂系统研发与最懂车机制造的人才，把时间都浪费在了无休止的争吵中。

矛盾终于集中爆发了。距离 5 月既定的新车发布日期仅有两个月的时间，斑马整个车联网系统还没联调过，阿里云的生态也完全没有打通。王坚得知此事十分生气。2016 年 4 月，在上汽安亭总部的高管会上，王坚下了最后通牒：“如果 6 月 24 日车出不来，斑马团队统统解散。”在斑马背水一战、生死攸关的时刻，2015 年以顾问身份进入斑马的施雪松临危受命，成为最高指挥官。在加入斑马之前，施雪松先后创建华阳通用、天派电子、丹维软件，负责过奔驰、长安等前装项目，是汽车行业的传奇人物。2016 年 4 月 18 日，施雪松发起了“诺曼底战役”，这场战役也成为斑马汽车的转折点。在重压下，大家放下了先前的争执，空前团结，冲着最终目标去找解决方案，并重新回归到用户的角度思考问题，很多问题也就迎刃而解。

在项目冲刺过程中，随着互联网人与车企人的融合，产生的能量也开始迅速释放。短短两个月的时间，斑马干了一年多才能干完的事情，奇迹般地完成了任务。2016 年 6 月，搭载 AliOS 操作系统的荣威 RX5 正式发布，出乎所有人意料，这款车上市当月订单突破 2 万，3 个月内激增到 10 万。

当然，在后面的合作过程中，吵架依然在所难免，但吵架也逐渐从恶性转为良性，各自的观点、需求与能力在争吵过程中都展现出来。通过这样的磨合，斑马逐渐打磨出了自身的发展框架，在开发流程上，对汽车行业传统的时间节点实现了突破。

阶段三：数据归属权危机

然而，好景不长。斑马汽车的历史遗留问题引发了新矛盾。矛盾的焦点是数据的归属权。当时，斑马内部分成阿里主导的 A 公司与上汽主导的 B 公司两个利益团体。起初，根据双方商议，来自天气、救援、语音、娱乐、地图等用户交互产生的服务数据归属 A 公司，而来自 ECU（电子控制单元）的数据，包括发动机、变速箱、仪表盘、油箱、安全气囊在内的数据归 B 公司。但事与愿违，每个公司的人都在为母公司争取利益，数据争夺战愈演愈烈。数据价值来自流转，只有汽车数据间的流动与融合才能打造最为彻底的车联网系统。如果双方只是把数据“金屋藏娇”，数据之间形成一座座孤岛，就无法变成真正意义上的财富，反而成为负担。

数据归属之争并不是上汽与阿里希望看到的结果。上汽张新权曾明确表达过，没有上汽，没有阿里，只有斑马！这时候，AliOS 总裁胡晓明的及时介入让矛盾出现了转机。A、B 两家公司合并，并对数据归属权再一次做了梳理：

车厂：涉及车厂技术和车辆工况的数据，比如汽车底层应用在行车过程中积累的数据，不经斑马直接上传到上汽的数据中心。

阿里：用户在使用基于 AliOS 的斑马智行车机过程中产生的交互、语音识别，以及围绕用车的衣食住行产生的服务数据，都会上传至阿里、斑马的服务器。

高德：地图数据属于高德。跟出行强相关的地图数据，例如餐饮、停车场、加油站、充电站的数据会上传至高德的服务器，用于高德改善和加强动态交互信息的准确性。

数据归属权的明确以及思路上的重新梳理打开了斑马汽车在数据归属上的死结，同时在合作中，斑马主动把空中升级的控制权、流程管控让给上汽主导。在对外宣传上，一改以前只允许出现 AliOS 系统的做法，“斑马系统 powered by AliOS”成了新的市场宣传语。上述行动把斑马汽车又拉回到正确的行驶轨道，也为日后斑马与福特、奔驰、神龙等代工厂商的合作消除了心理上的障碍。

斑马的商业模式——行走在公路上的“天猫”

斑马类似“天猫模式”，不为用户提供直接服务，所以没有服务收入，也不会收取操作系统授权费用，但是会收取一定的开发费用。斑马模式是希望能够与车厂、一级供应商、内容服务提供商、服务商等各方合作，让斑马操作系统和相应的能力在各端搭载，从而吸引更多的服务及应用提供者，开发优质的移动创新服务与场景，并直达用户。服务与内容的提供者能够和用户之间通过人机交互的方式（HMI）建立直达关系。当这种直达足够多的时候，就会产生交易，而随着交易呈指数级增长，车厂、供应商、内容服务提供商都会从中受益，斑马也就因此受益了。

斑马实际上扮演着一个赋能平台的角色，通过平台链接到阿里以及其他的互联网生态，并提供一种场景式的能力，以人机交互的形式提供给用户。以下是斑马最有代表性的 5 个场景。

（1）用数据说话的智慧车险

理赔服务场景：斑马可以实现保险公司与用户在线智能连接，在事故报案、定损查勘等方面建立更为通畅的服务。同时，根据斑马车况在线数据，可实现对异常车况的精准判断，如发生气囊打开、车辆侧翻等数据信号时，车辆将自动预警，平台将按预定程序通知紧急联络人、交警、救援机构及保险公司，为保险公司控制成本。

延保服务场景：斑马可以根据车辆在全生命周期中的零部件使用

频次、损耗情况，帮助保险公司推出个性化创新的延保产品。驾驶习惯好、驾驶风险小的车主可以获得更为优惠的保单。

UBI（驾驶人行为保险）场景：基于未来车险市场的费率逐步放开，斑马可以利用行车数据，同时结合保险公司的理赔数据，有效预测车辆出险概率，帮助保险公司制定 UBI 产品的精算模型，为 UBI 车险开展提前研究。

（2）智慧加油 2.0——足不出车的加油新体验

斑马与中石油合作，通过斑马系统与加油站系统的打通，车主加油无须现金、手机、银行卡，直接在车上完成支付。汽车驶入加油站时，斑马智行系统的地理围栏就会自动识别车辆位置，用户熄火挂停车挡，即可触发智慧加油功能，弹出服务界面。用户在加完油后，选择加油枪号、输入金额、订单确认、支付宝支付、打印小票，一气呵成。在“加油服务”旁边有一个非油品的服务选项卡，车主加完油之后还可以在这个界面购买加油站内的商品。下单支付成功后，用户坐在车里，加油站工作人员会“送货到车”。如此一来，加油站的工作效率提升了 50%。

（3）智慧停车——无感支付

斑马智慧停车，指车主进出支持智慧停车的停车场时，无须停车取卡、排队缴费出场，而是在入场时，通过智能设备的图像识别技术，系统自动识别车牌，自动抬杆入场，并开始计算费用。出场时，通过斑马汽车和支付宝进行绑定，斑马平台自动代扣停车费，停车杆自动抬杆，车主享受不停车即可进出停车场的待遇。在智慧停车服务领域，斑马目前已经覆盖 186 个城市，累计覆盖 5000 家停车场。

（4）智能备件维修

后台通过云端实施监控与分析趴在总线上的各个零部件的数据，可以对零部件健康状况进行预警，并可清楚知道问题部件所属汽车的编码以及车主，同时可以了解问题部件的身份信息，比如火花塞是属于哪个批次的，由哪个供应商提供，配件的价格是多少，哪些4S店有库存，或者多长时间配件才能到货。车主可以由此判断应该到附近的4S店或者第三方维修店进行维修，还是应该上网购买相应的配件。

（5）无缝场景切换

斑马汽车让每一辆车都与车主的淘宝/支付宝ID背后的身份证号直接关联，可通过车载终端实现全新的连贯生活体验。举个例子，一位上汽车主通过手机购买电影票后，云端购票信息实时同步到智能汽车上的AliOS操作系统。当启动汽车，智能车载系统会自动设计前往电影院的最优行车路线，同时根据车主平时对美食的喜好，结合电影开始时间，推荐并预订电影院附近的餐厅座位。一路上，汽车自动推荐播放与电影相关的原声音乐，帮助车主提前融入电影氛围。快到电影院时，系统已及时找好了附近的停车场。全程不需要发出任何指令，会完全基于人工智能技术无缝、自然地呈现出来。

斑马汽车的进化路径

如果我们把互联网汽车的发展路径分为4个阶段，那么如今的斑马仍处在1.0向2.0的过渡阶段，未来还有相当长的路要走。

1.0：网联化——云端一体化操作系统

斑马系统的云端一体化可以更动态、更合理地分配云和端的存储资源、计算资源，借助云上的计算和存储能力，大大减轻车端的压力，这样可以最大限度延长在车端的硬件生命周期。

在这套操作系统里面，用户个人的互联网账户体系与车绑定，比如淘宝账户系统、搜索引擎、音乐、地图等应用，车主用同一个 ID 即可享受场景化驱动的互联网服务，实现连贯的服务场景以及服务找人。

斑马的车载互联网系统支持基于人机交互的空中升级。汽车通过在线的形式即可完成硬件与软件的升级，及时解决故障、完善汽车功能。荣威 RX5 发布至今，斑马智行实现了 6 次空中升级，优化了超过 64 种体验，新增了 393 项新功能。斑马智行 2.0 的语音引擎已全面升级为阿里云 ET 智能语音，具有更强大的云端计算、自我学习能力。比如，当车主说“下雨了”，系统就会自动进行一系列车控操作：关上车窗、打开雨刮等。

2.0：一体化——跑在总线上的操作系统

2.0 阶段，斑马将全力打造整车的操作系统，除了特斯拉，任何一家互联网汽车都未曾做到过。斑马将是跑在汽车总线（Can–Bus）上的斑马，其未来向汽车下半身延伸的决心和力度要比其他互联网汽车公司的 OBD（车载诊断系统 ）模式更彻底。斑马将深入汽车总线，接入包括发动机、变速箱、仪表盘、油箱、安全气囊车身电子控制模块在内的所有车辆核心数据。通过与汽车总线的融合，使得这些电器元件都可通过网络实现性能表现的优化，为车主实现诸如个性化的发动机调校、用车习惯学习等多方面的体验升级，这样就能做到车辆的千人千面。同样，系统可通过各项传感器采集到用车偏好数据、行车数据、驾驶行为数据等，作为为车主提供个性化服务的重要数据基础。

3.0：智能化——线上 / 线下智能融合

3.0 阶段的汽车将更加能上能下。随着无人驾驶技术的逐步成熟，汽车要求智能系统对周边环境更为敏感，可对环境的变化做出实时的反馈。线下智能则是扮演汽车神经末梢的角色，比如当前方有障碍物时需要立即制动，雷达采集的数据通过线下智能实时做出判断，从而大大减少制动时间，降低发生故障概率。而基于云计算的线上智能则是负责路线规划、导航等工作。只有线上线下智能的相互配合，才能既保证路线正确，又避免交通事故的发生。

4.0：全生态——系统中的系统

斑马的最终愿景是希望以斑马系统作为杠杆，撬动全产业互联网的升级。当前斑马系统装机量仅有 40 万左右，而当装机量达到 1000 万，就具备了撬动市场的能力，倒逼全产业数字化升级。斑马目前已经与加油站、停车场、4S 店展开合作，尝试以用户（车主）需求为驱动，通过服务与业务场景的对接驱动其信息化的升级。4.0 阶段，斑马系统将打通更多传统行业的“任督二脉”，包括零售、酒店、交通、楼宇、医院等行业，通过不同行业、场景、汽车、车主信息间的流转，形成数字驱动的斑马服务生态，直至打造一个跑在公路上的“移动智慧城市”。

斑马汽车引发的思考

斑马汽车一路走来，虽然踩了不少的坑，但也蹚出了一条别人没有走过的路。作为坚定的践行者，其对互联网汽车的理解以及对未来发展的构想，值得已经或是即将上路的互联网汽车人思考。

- 网联汽车的未来不会发生在汽车体系内部。
- 比起制造业，互联网公司更需要转型，对汽车业要有敬畏之心。
- 网联汽车不是四个轮子的手机，而是场景化的出行体验。
- 云端一体化的整车操作系统是网联汽车技术演进的大方向。
- 数据智能与生态协同是互联网汽车发展的终局。

杭州交警：城市大脑，智能城市的新基础设施

城市大脑是基于城市学“城市生命体”基本原理和“互联网+现代治理”思维，主要实现四个目标：一是深入把握城市管理发展的规律、特点，二是提取城市管理者经验特征，三是对城市资源进行科学配置高效使用，四是实现城市管理治理能力现代化。我们希望用最强的大脑（城市大脑）、最亮的眼睛（球机监控自动巡逻巡查事件发现）、最快的双腿（交警机动队）、最灵敏的双手（信号配时中心），让城市交通的生命体征指标保持健康。

2017年“云栖奖”获奖人

杭州市公安局交通警察局副局长　孔万锋

当前城市发展的困局和治理挑战

党的十九大报告指出，中国特色社会主义进入了新时代，我国社会主要矛盾已经转化为人民日益增长的美好生活需要和不平衡不充分

的发展之间的矛盾。在城市治理上同样印证着这一矛盾，即更多的人为了追求美好生活来到城市，但也进一步加剧了城市资源的供需矛盾和分配不平衡。

欧美发达国家用 200 年的时间完成了 10 亿人的城市化，中国将在未来 30 年完成同等规模的城市化进程，因此城市病困局对中国的城市化进程尤为棘手。规模越大的城市资源越集中，城市病越重，离宜居城市的初衷越远。如何实现资源优化配置，解决资源分配不均衡，提升资源利用效率，成为破解城市发展困局的关键课题。

我们看到，目前的城市管理还是依赖传统经验，依赖决策者的战略眼光和模糊决策。在互联网、云计算、大数据快速发展的今天，城市管理领域还没有享受到这些新技术发展的福利，迫切需要数字化、智能化的决策管理能力。杭州交通治理的实践让人们看到了“城市大脑”可以利用现有的基础设施，走出一条向数据要效率，向数字化、智能化城市治理迈进的路径。

城市大脑就是以互联网为基础设施，利用云计算、大数据、人工智能等技术能力来处理丰富的城市数据资源，对城市进行全局的即时分析，进一步帮助管理者掌握城市运行态势和规律，为城市管理者提供更加精准的规划和决策依据，有效调配公共资源，推动城市可持续发展。这里需要注意的是：城市大脑是建立在已有的城市信息系统之上的一个神经中枢，是数字经济下城市治理的重要基础设施，其本质上是在已有城市生命学基础上的治理模式的创新，体现了城市治理的互联网思维。

杭州城市大脑（V1.0）的诞生与进化

“城市大脑”是2016年3月由王坚首次提出来的。在2016年10月召开的云栖大会上，杭州市发布了全球第一个城市大脑计划。会上王坚曾感慨，世界上最遥远的距离不是从南极到北极，而是从红绿灯到交通摄像头，它们在同一根杆上，但从来没有通过数据被连接过，摄像头看到的东西永远不会变成红绿灯的行动。

过去20年，中国持续投入城市信息化建设，特别是公安交警部门始终走在前列，但是投入巨资建立起来的IT系统所沉淀的数据并没有发挥出更大的价值。比如智能交通系统、信号灯控制系统、交通监控系统，卡口系统、指挥调度系统等在许多城市得到了大力发展，但是这些信息系统是相对独立和封闭的，相互之间缺少数据的联通应用。

杭州市交警局很早就认识到这些数据的价值，但是一直以来并没有找到能够处理这些海量数据的办法。在此之前，阿里云的科学家和技术团队已经和杭州市交警局进行过多轮沟通和碰撞，直到2016年“双11”新的世界纪录出现之后（2016年“双11”的支付峰值达到12万笔/秒，订单创建峰值是17.5万笔/秒），杭州市交警局欣喜地看到了转机，技术能力的提升成为杭州市交通治理从IT时代迈向DT时代的“引爆点”。

看到机会就马上行动。2016年12月，杭州市交警局内部组织了第一次项目起航会，省公安厅副厅长、杭州市委常委、市公安局局长叶寒冰参加会议，并将该项目确定为“一把手”工程。会上成立了由杭州市公安局副局长兼交通警察局局长金洪亮为组长的城市大脑交通治堵领导小组，建立由交通警察局副局长孔万锋为主任的项目团队，团队包含数据办、架构团队、算法团队，控制团队、视频团队，各业务处室领导担任专项团队的副主任。同时阿里云也成立这5个领域的项目团队，与杭州市交警局形成了5×2的项目组织架构。此后项目研发过程中经历了三个重要的阶段：

• **功能实现期：**至2017年5月，完成了V1.0系统的重大功能开发实现。

• **验证与改进期：**2017年5—7月，进行功能的验证和效果改进，评估是否达到管理者要求。

• **上线运行期：**2017年7月，V1.0版本系统正式上线运行。

孔万锋将杭州交警局和阿里云的合作过程称为“大侠相遇”：“武当派”的杭州交警的强项是城市学认知、几十年的交通管理经验和对需求的理解；“华山派”的阿里云的强项是技术能力和数据算法能力。双方一开始都有各自的理想主义，不断切磋过招之后，在融合中爆发了创新力量，最终推出了城市大脑。

孔万锋谈道，下一步杭州城市大脑V2.0将聚焦如下三个方面的升级：

1.通过数据智能产生生化指标，包括交通量 、交通流、交通结构、拥堵指数、交通态势、交通堵点、交通乱点等14个模块百余项指标。

2. 交通安全预测预防，包括道路、车辆、人、环境的安全态势感知、风险预警管控、事故深度调查等。

3. 城市交通关联因子分析，包括特定关联（例如特定车辆与交通事故，交通流与功能区划分）和模糊关联（生命体征里的指标的关联性）。

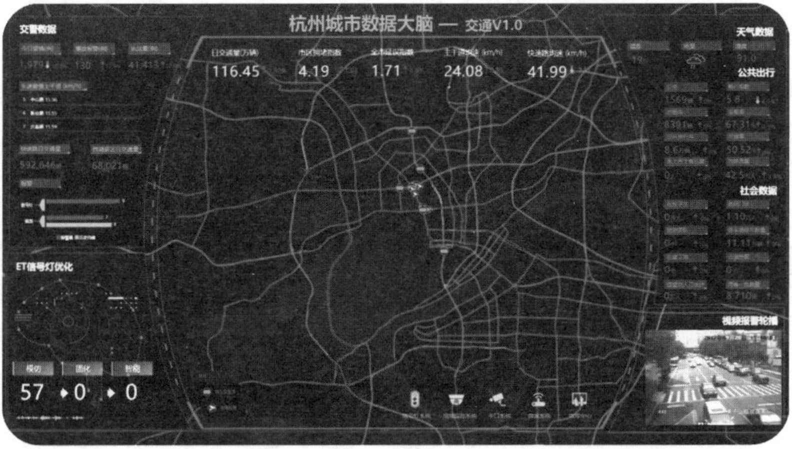

图 5–1　杭州城市大脑——交通 V1.0

图片来源：阿里云研究中心。

杭州城市大脑的创新与突破

经过一年的努力，杭州城市大脑成功接管了 128 个信号灯路口，试点区域通行时间减少 15.3%，高架道路出行时间节省 4.6 分钟，摄像头终于和信号灯“发生关系”了。

在主城区，城市大脑对交通事件进行智能报警，日均事件报警数达 500 次以上，准确率达 92%，大大提高了执法指向性。

在萧山区，智能大脑让交通信号灯听到救护车的呼唤，创新实现了 120 救护车等特种车辆的优先调度，120 救护车到达现场时间缩短一半。

在管理者以及公众能够感受到的具体数字的背后，V1.0 版本的杭州城市大脑主要实现了四大功能的创新和一项技术架构的突破。

功能创新一：建立起城市交通实时生命体征检测系统

日交通量、拥堵指数、延误指数、主干道车速、快速路车速这五项生命体征是交通管理工作的目标，建立这五项生命体征的即时数据监控系统，是城市大脑的首要任务。城市大脑就像一台 CT 机，每两分钟对全城的交通体征进行一次体检扫描，从不同的切片维度，提取和处理海量数据，变成人类可以识别的信息，成为交通治理决策的数据基础。

功能创新二：数据融合，通过机器智能定位解决交通堵点

城市大脑上线以来，共发生交通堵点报警 24600 余次，信号灯报警并调整配时方案 8000 余次；在信号配时优化调整中，形成感知状态、解决方案、评估反馈的闭环模式；通过提取经验值，不断固化、迭代更新，实施对信号配时的机器智能。

今天，城市大脑可以通过已经存在的摄像头数据，看到每一个路口过了多少辆车，车的类型、走向，还可以获得行人的信息，比如行人有多少，过红绿灯要多长时间，等待了多长时间。新的通过视觉收集到的信息可以放在交通优化模型里，识别并提前预测出交通堵点，并能够得到更准确的红绿灯优化配置方案。

功能创新三：提取管理者经验，实现机器智能“巡逻”

通过球机监控替代巡逻、360° +24 小时自动巡航巡检、4 大类 12 项事件检测等功能模块的搭建，城市大脑试运行以来，视频监控自动发现事件 19200 起，对城市的事故和违章的自动检测和报警，包括摩托车禁闯、交通事故等，支撑了交通事件的快速处置。城市大脑会产生实时报警，报警的结果会下放到各个交警大队。为应对事件报警的快速处置，杭州交警成立了机动队，交警根据不同情况采取不同的后续措施。

图 5-2　城市大脑自动识别摩托车禁闯和交通事故

图片来源：杭州城市大脑。

功能创新四：发现交通事件治理乱点

城市大脑不仅能够识别单个事件，还可以通过机器智能发现看似杂乱无章的众多事件背后的规律。例如很多事件突然同时发生，或者在同一个地点经常发生，那就可能意味着存在交通“乱点”。V1.0 平台运行以来，通过接入的 140 路监控视频分析已经新发现了 6 个交通乱点，通过严格管理、优化交通组织，目前已经得到改善。

杭州城市大脑的独特价值

（1）对机器智能发展的价值：验证了机器智能的价值导向

王坚博士有一个观点：机器智能的发展方向是可以帮我们解决人不能解决的问题。杭州城市大脑 V1.0 取得的结果验证了这一观点。其中的重点不在于让机器智能取代人力，而是让机器做需要投入更多人才能做的事；人工智能也不是让机器做人会做的事，而是让机器做人做不到或者不需要做的事。互联网、数据和计算，这三者结合创造了机器智能。在王坚看来，“城市大脑不是一个项目，而像是电网一样的基础设施，城市大脑是最复杂的机器智能问题”。

（2）对城市交通治理的价值：找到了城市大脑发展的明确路径

城市大脑用实践证明了“将机器智能用来解决复杂的交通治理”问题的初心是可行的，并为建设城市大脑提供了演进路径和工作流程优化的宝贵经验。

在演进路径方面，在城市大脑建设之前有三个重要的前置步骤，这四步共同组成了城市交通治理的完整体系。城市大脑的构建需要以前三步为前提：

第一步：夯实交通基础设施，例如道路标志、信号灯的设置规范化、道路渠化。

第二步：把交通资源的空间和时间数字化并合理配置。

第三步：业务管理的精细化。规范交通管理者和交通参与者对现有规则的严格执行。

第四步：基于深度数据挖掘，建设城市大脑来提高道路的通行能力和安全防控能力。

在工作流程优化与变革方面，城市大脑节省了识别交通事件的交警时间和人力，可以在快速处置和响应上倾斜更多的警力，改变了传统的警务和勤务模式。当这个城市的交通被更全面、及时地了解，交警的工作模式从被动接警更多地变为主动出击。

（3）对未来数字经济下城市数字化治理的价值：未来城市数字化治理模式的成功探索

杭州的交通治理证明机器智能应用于城市治理的可行性，更重要的，它是城市管理应用互联网思维的一次成功实践：实现了城市治理的多维度、穿透式、精细化管理，并实现了对被服务对象的无打扰、零负担（互联网的“弱利他主义”）。如何通过在互联网、云计算、大数据基础上发展起来的机器智能，解决对城市资源进行科学配置和高效使用的问题，更加精准或者高效地按照需求去配置资源，实现城市管理水平的现代化和智能化，是杭州城市大脑所肩负的历史使命。

杭州城市大脑 V1.0 给业界的经验与启示

（1）对城市生命体的深入理解决定了城市大脑的灵魂

城市治理领域是一个实践性很强的学科，行业内资深的从业人员经过几十年的摸爬滚打，最了解大脑需要实现什么功能。互联网从业者所打造的机器智能是武器，是导弹，只有对城市生命体的治理有了深入的理解，导弹才有用武之地，才能准确命中目标。城市大脑首先诞生在杭州是偶然中的必然，正是由于杭州交警局对于交通治理的宏大愿景、深厚的经验积淀，以及杭州本土企业对于云计算、大数据、数据智能的孜孜追求，才孕育了城市大脑。

（2）自上而下的项目推动

城市大脑是城市管理者的一个重要助手，能够帮助管理者诊断和发现城市治理中的节点问题，揭示城市运行态势和发展规律。这一定位决定城市大脑从诞生的那一刻起，就要服务于最高管理者的意志和需求，并且要能够代表管理者调动各方面的资源。因此，城市大脑必须是一个“一把手”工程，才能够保证项目的顺利实施。

（3）胸怀远大理想，搁置争议，小步快跑

城市大脑解决的是当下问题，面向的却是未来数字经济下的城市治理，在没有成熟理论和路径的情况下，项目各方都是摸着石头过河，项目实施过程出现争论和分歧，是家常便饭。这时项目各方对远大目标的认同和对眼前小目标的坚定，就变成把大家吸引到一起的“定海神针”。

蒸汽机时代，城市的标志是修公路。电力时代，城市的发展是铺电网。我们身处的数字经济时代，数据成为重要的资源，城市需要构建一个城市大脑来再一次提升城市的基础设施。就像 160 年前伦敦第一次建设地铁，135 年前曼哈顿第一次建设电网，杭州的城市大脑将成为一个全新的城市基础设施，将是中国为全世界的城市治理做出的重要探索和贡献。

中信集团：产业互联网云转型新模式

经过近 40 年的蓬勃发展，中信集团现已发展成为一家国有大型综合性跨国企业集团，业务涉及金融、资源能源、制造、工程承包、房地产等领域，近年来，又在农业、环保、消费、医疗健康等新兴战略领域积极布局。2018 年，中信集团位居《财富》杂志“世界 500 强”企业排行榜第 149 位。DT 时代变革中方显领袖智慧，正如中信集团董事长常振明所说：“在后互联网时代，满足用户需求的模式正从线上向线下转移，产业互联网正成为新的风口。这是挑战，更是机会。”

在互联网技术群从消费互联网向产业互联网快速拓展时，在数字经济商业模式如病毒般改变每一个产业时，多元化集团型企业面临着千头万绪的挑战与千载难逢的自我革新机遇，总体来看大型集团的高管们深入思考的战略性问题具有典型性：

首先是传统业务下滑。不同行业的多元化业务大多面临增长放缓、收入下滑的态势，互联网式创新迫在眉睫。如何让各具特色的业务子公司从传统产业向消费互联网、产业互联网集体变迁？对中信集团来说，如何利用互联网技术打造新的商业模式，进一步发挥集团内部的协同效应，利用自身行业的多元化来构建一个“生产者的生态系统”，成为一大挑战。

其次是信息技术尾大不掉。当多元化业务跟随市场快速调整变化时，企业集团重资产投入的 IT 系统设施既无法跟上业务创新的节奏，又面临复杂历史架构中的遗留问题。在中信集团内部，实业子公司的信息化程度相对落后于金融子公司。

最后是数据资源无序沉睡：中国市场在高速演进，而企业集团协同管控的“仪表盘”却容易失效，众多有关联而不融通的数据孤岛在沉睡中膨胀，宝贵的跨行业多维度数据资源如何从高昂的成本挑战转变为业务决策与创新基础？对中信集团而言，需要通过互联网技术群搭建互联网平台，并辅导子公司在云上实现数据的资源积累和新价值挖掘，就成为一条必由之路。

中信集团信息技术管理部总经理张波提出的“四大矛盾”在传统 IT 基础设施中广泛存在，包括有限的 IT 资源和无限的业务需求之间的矛盾，局部的业务系统和整体的 IT 策略之间的矛盾，业务短期价值和公司长期战略发展之间的矛盾，IT从被动服务变为主动布局之间的矛盾。因此，中信集团早在2012年即通过业务组件化、垂直业务应用平台化、核心业务服务化、金融服务云化的互联网架构理念，以中信证券金融服务云为突破口，完成了金融上云试点工程。

随后在2016年，中信集团联手阿里巴巴等合作伙伴，在众多大型多业态集团中率先探索出了“互联网+”转型的关键路径，以集团平台实战收获了诸多值得产业借鉴的成功经验与演进模式。2016年2月，中信集团设立了“互联网+”转型领导小组和工作小组，8月底，在京发布“互联网+”转型战略，并宣布采用开放共享理念打造的“中信产业云网”平台正式上线，标志着集团战略转型的首个成果已经落地。之后，中信系丰富的产业资源逐步向云迁移，加快实体企业资源和能力的在线化、数字化和内外部资源的关联。在上云转型的背后，蕴含着创新性战略思考原则：

1.“平台+应用”新模式

中信集团横跨金融、资源能源、制造、工程承包、房地产、信息产业、大消费等多个领域，由于传统IT架构无法支撑多业务线里上千个系统的变化，传统“核心系统+外围应用”模式不再适用，借鉴成熟的互联网平台模式，采用互联网架构，以云平台承载越来越多的跨行业业务应用，以“U盘式创新”适应线上线下业务的快速变化。

2.“中介资源”新定位

云计算、大数据相关产品服务已经比较成熟，中信不需要从底层重新构建互联网级基础设施。中信云定位于“云经纪人”，以“中介模式”汇聚拉动产业内的优势技术资源，就像金融行业中介代理外部资源为客户提供综合金融服务一样，与阿里云合作 4 个月即落地实现了云中介架构。集团总部依托中信云构筑 SaaS 应用市场，几十家子公司在云端开发互联网应用，员工用户反映效果很好。云中介模式既采用了业界领先的新技术，又在集团层面显著降低了建设开发成本。

3.“互联网 +”转型新路径

基础设施层面，传统大集中模式已经不适合集团多元化业务的复杂度，中信证券先行试点云计算，成功后构筑集团级云平台，以新模式、轻资产的云中介服务中信系资源，赋能集团与子公司，将宝贵的人力资源从基础建设中真正解脱出来，更专注于业务应用价值创造。中信集团上云后硕果累累，研发出“移动社交平台”，将所有子公司用户连接起来，利用阿里云的“建站服务”为子公司提供移动社交功能，将子公司官网迁移上云以便获得统一安全防护保障，基于运营大数据研发了“高管看板”，帮助集团领导实时掌握业务动态、快速决策。

“互联网 +”转型的第一个阶段就是“上云”。“中信产业云”采用了阿里巴巴集团常用的中台模式，也就是“厚平台、薄应用、富生态”的企业架构理念，集团中台功能越成熟，共享服务越丰富，在赋能多元化业务线后，开发的轻量级应用的创新迭代速度越快，整个集团的商业应用就越容易跨事业部、跨集团形成互联网生态效应。云平台上的功能模块采用“微服务”架构，实现了“高内聚、松耦合、复用性”的设计原则，全局共享、灵活搭配、组合创新，以集团内外海量的互联网资源应对快速的业务发展变化。上云后恰逢新春佳节，中信集团管理层在移动社交平台上向所有员工在线拜年，并借助云平台整合各子公司的业务服务，为13万名员工送上多种多样的“财神送福”红包，例如麦当劳礼券、中信出版读书券、大昌行巧克力、旅游住宿和积分等。

“互联网+”转型的第二个阶段就是“用数”。云计算重构技术架构，大数据升级商业模式，唯有在公共云上才能实现跨区域、跨行业、跨组织的集团级大数据的“存通用”。上云之前，不少子公司并没有把数据当作资产，仅使用结构化数据进行统计，部分传感器数据仅保存3天，数据并没有完全发挥出潜在价值。中信集团董事长常振明明确指出：“如果企业里面所有的行业数据都能有效地连接起来，我们就可以更好地运筹帷幄，同时业务经营的效率也能得到更大的提升。”这与阿里云所倡导的“一切业务数据化，一切数据业务化”理念不谋而合。中信集团先从组织入手，增设数据管理处，盘点集团全局数据资产，不断强调“数据资产是平台价值”的数据思维方式，以云平台连接所有子公司，以大数据一体化促进多业务领域协同。云平台上面承载了市场应用场景和用户业务。通过将内部业务数据、互联网开发数据、外部合作和关联企业的数据资源进行连接、共享与交叉，形成企业全景视图、用户统一视图以及覆盖集团内主要产品和渠道的大数据平台。这个平台能够将不同需求、不同业务有效整合，让上层应用如“U盘”般即插即用，提供快速创新与定制化能力，实现“统一平台，应用百花齐放”。平台赋能应用，缩短验证周期，降低业务风险。

“互联网+”转型的第三个阶段就是“应用升级”。中信云上重要应用的迁移顺序依次是渠道类应用、管理类应用、生产类应用，先解决互联网渠道应用需求、数据化决策管控需求，积累经验逐步升级生产类应用。中信集团信息技术管理部总经理张波说：“全新的架构让整个IT团队从传统的被动响应方式，转向打造快速创新的核心竞争力的工作模式。管理流程扁平化，影响效率的环节都砍掉，并且同步完成安全体系和运维服务体系的建设。”IT部门的员工有感而发，项目建设中虽然工作辛苦，但每个人成就感很高，员工的创新空间也很大，整个团队都在向互联网上的不同行业企业学习新技术、管理新方法。

以“开放共享”和“做连接、聚用户、生数据”为实施策略，中信集团正在通过一体化云平台对子公司的人力资源、资金、物资、核心信息进行整合与赋能，实现子公司间各类资源的全面协同，利用信息平台和互联网化模式为子公司提供各类服务。企业应用网络化资源协同平台，使子公司间研发系统、管理系统、服务支撑系统形成协同，实现企业间、部门间的创新资源、生产能力和服务能力高度集成，生产制造与服务运维信息高度共享，资源和服务的动态分析及柔性配置，构建起具有围绕全生产链协同共享的产品溯源体系。基于互联网创新研发生产、组织管理、营销服务模式，推动企业进一步开放共享，拉近与用户的距离，带动产业链上下游企业合作构筑全新生产经营模式，借助集团内外部海量资源实现组合式创新。中信集团通过“上云、用数、应用升级”三步走，向互联网化转型，建立适应融合发展的技术体系、标准规范、商业模式和竞争规则，通过开放、共享、整合线上线下交易资源，拓展销售渠道，打造制造、营销、物流等高效协同的生产流通一体化新生态。

通过云计算，中信集团实现了经营管理的在线化、数据化、移动化。

业务在线：子公司快捷建站，共享互联网渠道，开展 O2O 应用，同时兼顾原有手机银行等渠道。

职能在线：为办公自动化、客户关系管理、企业资源计划、财务、人力、党建等管理工作提供在线职能管理平台。

决策在线：“高管看板”为集团和子公司领导层提供可视化工具，包括公文、日程、子公司财务报告、经营过程、市场动态、外界评价等关键信息。

员工在线：构建“员工连接器”，服务全集团十几万名员工。依托移动社交，连接生活场景、工作场景。例如，中信保诚人寿提供在线专家问诊，中信控股、中信易家提供电商活动，中信证券、中信银行提供金融服务。移动端提供各种员工服务，极大改善用户体验。

“互联网 +”转型的下半场

如果说“上云、用数、应用升级”是中信“互联网 +”转型的上半场，那么接下来下半场则开始进入转型的深水区——核心业务转型。首先是要重新定义平台和业务的关系。中信云平台看上去是技术架构，实则是管理架构。集团并不参与子公司的日常业务管理，和子公司的关系是“品牌 + 资本”。正是得益于中信集团的这种放权管理模式，集团子公司过去几十年迅速发展壮大。然而在网络时代，这种模式是否依然具备创新活力与可持续性，值得重新思考。集团未来希望转为平台型的公司，子公司转变成创新型公司，中信云则是扮演赋能平台的角色，通过开放与共享的云平台以及物联网、大数据、人工智能与区块链等新一代信息技术，加速业务的创新，衍生新的服务与创收来源，并创造新的商业模式与平台模式。2017 年，集团结合未来业务战略发展重心，已经重点开展四个平台型示范项目：

（1）中信联盟大消费平台

中信有广泛的产业覆盖，消费板块是中信集团在“十三五”战略当中着力加强的领域之一，收购麦当劳就是其中的重要一步。目前中信在消费端已有比较广泛的业务布局，涉及个人金融、医疗健康、文化休闲、电信服务、餐饮贸易等。中信银行、中信证券、中信书店、中信出版集团、中信医疗等子公司覆盖大量的终端用户。在消费升级的大趋势下，基于中信云的技术能力，建立开放共享的用户联盟平台，与各成员系统互联互通，围绕用户需求配置各类产品和服务资源。通过线上线下融合，加速流量的转化与变现，基于消费者行为数据分析，做用户画像和精准营销。具体而言，整个联盟有三个层次：联盟用户、联盟成员单位、联盟平台。未来联盟用户可以通过一个联盟账号身份体验到联盟成员单位的线上和线下服务，用户的权益可以在联盟成员单位间实现互联互通，比如消费者在麦当劳消费获得的积分，可以转换为在中信书店等其他成员单位的优惠权益。在此基础上，中信可以根据积累的海量用户数据丰富用户画像，这样可以更好地了解用户，通过用户的需求来驱动后续产品服务的开发和拓展。

（2）中信重工物联网

为解决设备运行数据无保存、客户设备故障无法预测、运维成本高、关键备件库存贵等行业用户痛点，2017 年，中信云平台与中信重工展开在“物联网＋人工智能”方面的探索，讨论使用阿里云等合作伙伴的物联网套件和服务，通过在重型机械设备上安装传感器进行数据采集，传输并存储到大数据平台，借助数据分析与挖掘实现“制造＋服务”的新的业务目标 。公司目前在煤炭、矿山、水泥三个领域各选择2~3家客户合作，定时定向开发智能服务。物联网平台已可以实现采集提升机、磨机、立磨和机器人数据，并基于大数据和预测模型，提供预测性维护，降低运维成本，拉动备品备件营销，提升产品研发能力，优化运行工艺。未来，中信重工将尝试接入非中信重工生产的同类设备，关联中信其他相关子公司，打造工业服务平台。

（3）中信仓储物流云平台

仓单作为商品流通环节的重要物权凭证，同时又有很强的金融属性，本应服务于仓储、贸易、融资等领域间的联动，但是由于对仓单的真实性、权利是否清晰没有有效的管理和评价体系，导致仓单在商品流通、融资和交易环节的功能受限，无法满足贸易商、银行、交易所等行业参与者的巨大业务需求。针对上述痛点，中信金属集团、中信云网公司、信银投资等和外部投资者组成运营公司。三方结合各自优势，目的是确保实体仓库仓单签发的真实性、可靠性，解决仓单在质押融资环节的信用问题，以及交易环节标准化的问题。

• 实体仓库：建立实体仓库选择与管理标准，并配套可靠的技术支撑，解决仓单签发的真实有效性。

• 流转过程：通过物联网和区块链技术，建立仓单征信体系，确保质押登记信息的完整获取。

• 建立并推广仓单的标准化管理体系，便利以仓单为货权凭证的交易和融资。

中信内部多家子公司共同投资运营，充分利用各自资源，通过“业务 + 技术 + 风控 + 资金”的叠加方式，协力打造竞争优势。

（4）中信智能建造平台

建筑业虽然拥有 10 万亿级的产业规模，但是产业发展严重滞后，工程总承包、建筑工业化等新的模式还没有实现“量变到质变”，缺乏科技创新的粗放式发展依然没有得到根本改变。不仅如此，由于招投标和采购领域缺乏透明度和信用支撑，导致不合规现象出现。上述问题严重制约影响了建筑业的持续健康发展。中信集团以“智能构建”为核心，以 BIM（building、information、modeling，建筑信息化模型）技术为支撑实现工程建设行业数字化，通过互联网技术聚合投资方、设计方、施工方、运营方入驻，打造“互联网 +EPC（工程总承包）+BIM”的开放平台，打造建筑行业全生命周期的协同云平台。平台主要功能包括：建筑数字化、智能构建库、云商招标采购、工程金融服务与云技术支持。目前，中信智能建造平台从中信工程投资建设的项目中选择具有代表性的工程为试点，先通过试点工程把平台做成，再总结试点经验把平台做好，最后通过广泛应用把平台做优。

新挑战与新机制

“‘互联网 +’转型的关键不是技术转型，而是体制与管理转型。”张波的这句话一语中的。作为一家大型的、多元化的集团公司，转型的最大挑战来自新旧体制、新旧动能之间的冲突。在中信集团的子公司中，信息化水平参差不齐，需要进一步强化开放的理念；公司的信息系统与数据资源跨平台分享还不充分，难以基于核心业务衍生新的服务与模式，子公司间网络协同有待进一步加强，这些现实的问题都摆在眼前。集团意识到，必须从制度、组织、技术、流程、标准等多维度共同发力才能破局。

（1）管理机制转型

中信集团成立“互联网+”转型领导小组，由中信集团董事长主持，通过领导小组提供专业服务、解决方案，并灌输先进科技改变业务的理念。领导小组下设工作小组（中信云网是领导小组核心成员），直接向领导小组汇报，工作小组下面成立中信云网公司与中信科技公司，公司采用混合所有制和股权激励结构，从制度层面强化对优秀人才的吸引力和核心团队的凝聚力，充分调动公司创新的能动性。同时，集团采用“军委管总、兵种主建、战区主战”的方式，集团是最高决策机构，决定资本方向与战略方向，中信云网负责搭建赋能平台，子公司主抓业务。借助这种新的架构，减少机构臃肿与职能重叠问题，通过扁平化方式让集团与业务部门对接更简单、高效。

（2）思维转型

中信集团并不是通过行政手段进行管控，而是用放权管理的方式，以思想引导来普及“互联网+”转型的理念。2017年，集团多次组织党委中心组学习，并为全集团党员安排多次“互联网+”课程以及线上视频会议学习，2018年集团还会研发更多相关系列的课程。中信集团董事长多次在党委会议上强调，“互联网+”转型关系到整个集团的可持续发展，这为中信集团未来基于互联网与数字技术的转型和发展定下了主基调。

（3）人才转型

企业的数字化转型一定是由业务驱动、技术赋能。张波深深意识到这一点。目前云网的人才结构主要以 IT 人才为主，对行业缺少深度理解，这在推动子公司转型创新的过程中，与公司业务人员往往存在关系与知识的不对等。培养一批有跨界思维、跨界知识、跨界人脉与跨界经历的人才是当务之急。中信云网在社会上吸纳业务人才的同时，积极培养内部跨学科人才，鼓励公司 IT 员工去子公司学习、实践，并欢迎子公司的业务人员来云网“实习”。日常工作中，通过加强双方业务的了解，相互建立信任、认可对方的价值，加速创新业务的推进。

（4）资本转型

中信集团发挥资本方面的优势，加强平行于体制的创新。此前，中信多数投资的是一些比较大型的公司、比较传统的行业，但这两年集团开始设立创新基金、孵化基金、成长基金等产品，并陆续设立不同的产业基金，加大在金融服务创新、现代农业、健康养老、环保、信息等战略新兴产业上的投入。中信启动“中信双创”计划，目前已经有多轮项目在孵化中。中信平行于体制的创新，可有效减少创新过程中的新旧动能冲突，同时通过引入新的血液，为创新注入新动能。

（5）IT 流程与运营转型

大型国企从 IT 采购立项到预算审批再到采购招标，往往要超过半年的时间，难以适应外部商业环境的快速变化。中信集团计划在 2018 年，所有 IT 项目建设周期不得超过 3 个月，如果超时，大项目则拆成小项目。所有子公司购买中信云平台上的产品与服务，均可视为已经过采购招标流程，这一措施将极大调动子公司通过集团统一云平台采购的积极性。上云的过程中，中信采用多云策略，并不一味追求物理集中。子公司自建的云平台可以与中信云平台无缝对接，涉及企业核心业务的应用与数据依然可以放在自建平台，而非核心以及增量创新业务则向中信云平台迁移，有效提高 IT 运营效率。

中信集团作为一个金融与实业并举的大型企业集团，有很强的资本与较强的技术实力。技术转型绝不是中信“互联网 +”转型的瓶颈，而真正的挑战来自组织转型、制度转型与管理转型。集团以中信云平台作为转型的支点，先横向打通资源，再纵向行业突破，以“平台 + 应用 + 业务”的模式，走出了一条属于自己的转型之路。中信集团“互联网 +”转型改革是中国规模企业“互联网 +”转型的典型样本，对于其他集团型企业的转型升级有着重要的借鉴意义。

平台“智能化”：“飞轮效应”打破二八法则

云上各行各业的 SaaS 应用每分每秒都在训练“云脑”，例如亚马逊 Echo 音箱学习天南海北的英语口音，Alexa 的语音识别率会越来越高；每一辆特斯拉汽车每天学习到地球不同地貌、交通环境、驾驶习惯、应急反应的开车经验数据，会比其他汽车厂商的自动驾驶成长更快；而全球无数棋类爱好者与 AlphaZero 对弈，人机博弈数据会让 AI 更懂人性。当行业大脑走入每一个领域，哪怕是算法效率提升 1%，也会吸引所有用户使用最优服务，从而循环积累出更多数据，算法日臻极致。

AI 的先发优势会越来越明显，每家企业的 AI 竞争力是加速发展，而非线性发展，二八法则在“智能飞轮”面前已被打破，所以麻省理工学院斯隆管理学院数字商务中心研究员迈克尔·施拉格在《哈佛商业评论》2017 年 4 月刊提出了《AI 改变 80/20 效率法则》，认为“重要的极少数”将改变世界。下一个 10 年属于擅用 AI 的企业、创客，超级帕累托定律将会让产业从“80∶20”划分趋向于“95∶5”甚至“99∶1”，每一个传统行业的“赢者通吃”现象会越来越普遍。

从好的一面来看，与电脑、上网一样，任何神奇的科技终将走入寻常百姓家，AI 也正从科学家的数据中心走入每一位学生的电脑上，谷歌 TensorFlow、亚马逊 MXNet、微软 Malmo、阿里云 PAI 和鲲鹏平台对公众开放，Python 语言进入浙江等地的高考科目，阿里云大学的人工智能开发课已经进入多所高校和企业。也许，20 年后的“文盲”既会识字又会上网，只是不会使用 AI 工具。

第六章
战略观决胜未来世界

未来三十年是人类社会天翻地覆的三十年。如果你改变了年轻人，你就改变了未来。

○—— ——阿里巴巴集团董事局主席　**马云**——○

不谋万世者，不足谋一时；不谋全局者，不足谋一域。前沿科技是新经济的第一驱动力，也是最大的战略变量，习近平主席指出："如果我们不识变、不应变、不求变，就可能陷入战略被动，错失发展机遇，甚至错过整整一个时代。抓住新一轮科技革命和产业变革的重大机遇，就是要在新赛场建设之初就加入其中，甚至主导一些赛场建设，从而使我们成为新的竞赛规则的重要制定者、新的竞赛场地的重要主导者。"新科技观、新世界观、新产业观帮助每一位企业战略家"谋全局，创未来"！

新世界观：中国连通"地球集市"，世界共享数字经济红利

全球经济不平衡，信息一体化孕育世界级"数字经济体"

2008 年金融危机后，地方贸易保护主义、民粹主义、国家主义日

趋流行，有些经济学家认为“世界一体化”已经过去，“反全球化时代”来临，“灰犀牛”横行于世。然而给人们带来希望的事情正在潜移默化地发生。在对140个国家的信息、贸易、人员、资本数据进行分析后，DHL全球连通性指数[①]表明，全球一体化指标骤降10%后强劲复苏。这一轮全球化复苏的特征是：全球“信息一体化”受到金融危机的影响较小，在跨国贸易衰退（货物和服务贸易）、人才流动缓慢复苏、国际资本流动低于危机前水平的复杂格局下，数字经济成为各国优先发展的新兴经济增长点。麦肯锡全球研究院2018年全球化指数研究印证了这一观点：未来10年全球化进度会超越过去5年，一个国家对外联系越多，其经济表现越好。中国已经是全球数字经济的中心，主要得益于三大驱动力：（1）庞大且年轻的市场基数：由7.51亿网民组成，20~29岁年轻网民占比29.7%；（2）数据资产化：实体企业、互联网企业都在加速进行数字化转型与战略投资；（3）政府为创新者拓展实验空间：“先试水、后监管”的政策红利搞活了全球华人的科技创新，国家发改委、科技部、工信部、中央网信办发布《“互联网+”人工智能三年行动实施方案》等科技政策，催生新兴数字产业生态圈。客观来看，全球数字经济与实体经济融合创新过程中，中美及欧洲各国既迎来巨大收益，又存在反全球化的干扰。

消费不平衡，中国枢纽引领“带路经济体”“金砖经济体”

21世纪的最初10年全球经济得益于美国人民的“超前消费”，贷

---

① DHL全球连通性指数，由纽约大学斯特恩商学院潘卡吉·盖马沃特（Pankaj Ghemawat）教授和IESE商学院史蒂文·奥尔特曼（Steven Altman）教授，针对140个国家的数据编制而成，调研国家占全球GDP的99%和总人口的95%。

款买更大的房子、更好的汽车、丰富的中国进口商品，但经济危机后，欧美工薪阶层工资紧缩、负债收入比提高了17%，全球经济急需新的消费增长点。2014年习近平主席提出共建丝绸之路经济带后，截至目前，全球100多个国家和国际组织参与该区域建设。这一跨越几大洲的超级新兴市场幅员辽阔，覆盖东西亚19国、南亚8国、中亚5国、东盟10国、独联体7国、中东欧16国，拥有44亿消费者，GDP达21万亿美元。“带路经济体”总体量相当于两个中国的市场规模。另一大超级新兴市场是“金砖国家”生态圈，由俄罗斯、中国、巴西、印度、南非等多个国家组成，拥有30亿消费者，GDP达17万亿美元。“金砖经济体”相当于再造了一个美国体量的市场规模。这些新兴市场国家具有年轻人口快速增长、互联网接入条件好、产业升级与消费升级并重的共同特点，而中国作为海上丝绸之路、陆上丝绸之路的交接枢纽，具有旺盛的大规模消费需求、生产能力与科技创新能力，中国成长为未来20年全球数字经济与实体经济的科技枢纽、发达国家与发展中国家的商业枢纽，“一带一路”“金砖国家”超大规模的生产资源、消费需求、科技人才将在互联网上融为一体、按需调用，中国实体产业的智能商业经济红利在云上赋能各国产业带。

数据不平衡，云计算治愈“两级世界”

《经济学人》对“国家数据化”的专题研究成果呈现出两极分化的态势，富裕国家数据泛滥，发展中国家饱受数据稀缺之苦。在美国，工业机器人、可穿戴设备、智能音箱、城市摄像头在源源不断产生海量数据，持续提升社区居民衣食住行的生活体验、健康状况和工作效率。与此同时，在数字世界的边缘，非洲的出生人口登记率不到50%，阿富汗的人口数据从1979年至今没有任何更新；联合国千年发展目标提出，要在2015年消除极端贫困、降低婴儿死亡率、让所有儿童上小学，但在小国和动荡的战乱国家，却因为严重缺乏出生人口数据而无法得到有效执行；非洲许多城市地图上没有标注出自建贫民窟，导致埃博拉病毒在利比里亚大规模爆发时，国际慈善医疗组织无法追踪定位疾病蔓延的楼房、小型街道。科技无国界，分析数据、科技创新、产业升级的云计算对社会民生、贸易繁荣、科技创新具有巨大的赋能价值。在非洲、中美洲、南美洲、“一带一路”沿线的发展中国家，存在很多“数据无产阶级国家”，它们比发达国家更迫切地需要数字技术与数字经济支援，所以，以云计算、人工智能、物联网为代表的新一代公共基础设施成为中国“数字援外”项目的首选。

截至2017年年底，阿里云通过200个飞天数据中心布局，已经建成了覆盖全球的“日不落”云计算服务网，为不发达地区的食品安全、公共医疗、交通拥堵、社会治安、贸易融通、金融合作奠定了世界级普惠科技基础。马来西亚采用城市大脑管理首都吉隆坡的281个路口红绿灯，并建立世界电子贸易平台（eWTP）的第一个数字孵化器，帮助各国中小企业在云上走进全球大市场。上云后不仅能够开拓跨境市场，更容易吸引投融资。“阿里巴巴诸神之战全球创客大赛”已经连续举办三年，来自英、法、美、新加坡、日本东京、阿联酋迪拜、印度、澳大利亚和中国的数千支科技创业团队，利用全球领先的云工具箱解决实体产业问题，并收获数千万早期投资，甚至获得国内外政府的产业扶持政策、知名孵化器邀约。云计算让全球企业分享中国科技红利。

新科技观：未来 =IoT+SaaS+AI

软件抢入口，硬件做服务，AI 制胜未来

未来 10 年，科技创新范式由 IoT、SaaS、AI 组成。近几年有趣的是：偏“软”的互联网正在全力以赴做硬件产品，以获得更多线下的流量入口、数据入口、服务入口，例如亚马逊、谷歌、阿里巴巴发布的智能音箱、平板电脑、互联网汽车、智能家居，脸书、微软发布的 VR/AR 眼镜；而偏“硬”的制造业企业、消费电子企业正在同步打造在线软件服务，以便获得更多的增值服务，在云上实现数字化转型、智能化转型，例如工业云平台（GE Predix）、在线算法服务（Tesla AutoPilot）、语音助手（Apple Siri）等。

人工智能是“软硬”两类公司争夺的核心阵地，互联网公司造的硬件必然放入自家的智能内核，例如亚马逊 Alexa、谷歌 Assistant、AliOS，而硬件公司也在研发人工智能服务，例如自动驾驶功能、智能语音助手。AI 不仅打穿了软硬件公司的壁垒，而且将 2C 的消费互联网与 2B 的产业互联网融为一体。在未来 10 年，消费市场的“蝴蝶效应”将会瞬时横扫产业供给侧，行业壁垒也将被拆掉，整个世界将不再按照行业划分，而是按照市场需求来自动组合形成最优供应链，精准产业、精准商业无处不在。

从经济学上分析，科技类硬件降价很快，甚至很多入口级 IoT 设备在赔本、平价推广，期望通过 SaaS 来赚取增值服务收益，例如智能音箱赔钱卖，但是会产生内容消费、购物消费，可以分佣。另外，在平台模式中，AI 的边际成本趋近于零，而边际收益会十分稳定，甚至

由于网络效应而有所上升。例如自动驾驶服务在使用中，按照车辆使用该功能时长来收费，仅消耗少量云端计算力和电费，算法训练成本也不会因任何一位新司机的加入而大幅增加。

前沿科技向“无人化”与“体验化”发展

《麻省理工科技评论》每年都会评选出“全球十大突破技术”，将最近三年的技术放入前沿技术矩阵来分析，我们会发现一些“新规律”。

无人化与体验化。一些技术在解决效率问题，通过人工智能等技术向“无人化”发展，例如强化学习、自动驾驶汽车、知识分享型机器人等；而另一些技术在解决体验问题，通过更自然的交互界面、更舒服的服务向“体验化”发展，包括刷脸支付、Magic Leap（AR 技术公司）、液体活检等。

比特世界与原子世界的跨界创新繁荣。在比特与原子两个领域的交界处，密集分布着创新型技术，在大数据、云计算的支撑下，以智能算法探索利用物理规律、改造现实世界更容易取得突破。自动驾驶卡车、车对车通信、谷歌气球、量子计算等都属于跨界创新的典范，未来会有更多新技术诞生在学科边界处。

比特类技术高频迸发，原子类技术影响深远。根据对最近 16 年突破性技术数量的分析，前五大新技术沃土是信息（50%）、生物（24%）、材料（11%）、能源（7%）、制造（5%）。由于比特领域的信息技术试错成本低，创新迭代十分迅速，即“指数级”发展模式，所以每年在榜单中平均占比超过 50%；而原子领域的新生物、新材料、新能源、新制造通过引入人工智能、物联网、云计算等技术，有效提升科技研发速度，并反哺比特类技术，例如纳米桥技术连接多个量子计算机形成网络，为量子智能算法提供基础。

新产业观：三浪叠加的产业升级

中国乃至世界的实体产业都在经历科技重构引起的商业模式升维，每个企业家都需要面对“三浪叠加”的挑战制定未来10年战略，否则很可能会面临“洗牌”。

第一浪：商业模式1.0

特点是重资产、轻运营、标准化，资产规模是竞争壁垒，众多大中小型实体公司是其代表。这些企业利用IT技术构造出优于对手的“流程工厂”，通过稳定的标准化工作降低风险与成本，但无法面对快速变化的国内外市场进行灵活调整，也不能达到90后年轻消费者“即时满足”的服务要求，例如商品有限的街边便利店、产能落后的制造工厂、年轻人很少光顾的金融网点（柜台业务），重资产模式都面临“互联网+”的挑战。

第二浪：商业模式2.0

特点是轻资产、重运营、社会化。数据规模是竞争壁垒，电子商务、互联网金融、互联网汽车等第一代在线平台是其代表。这些平台型组织废除公司边界，以线上平台满足线下需求，以轻资产模式调配企业外部资源、供应链，满足社会海量需求。它们在云上积累了该行业的“数据高地”，以数据在线匹配供需，却面临下一代智能商业算法的冲击。

第三浪：商业模式 3.0

特点是重资产、重运营、智能化，算法效能是竞争壁垒，精准零售（新零售）、智能制造（新制造）、精准金融（新金融）、无人驾驶汽车是其代表。新一代生态组织利用“数据高地”训练业务模型，持续优化算法效率，采用零售大脑、工业大脑、金融大脑、农业大脑、医疗大脑、汽车大脑、航空大脑的算法优势，秒杀同行，吸引产业资源，重构供应链，成为最懂用户需求的 O2O 服务综合体。目前来看，拥有产业数据、产业经验的创新型实体企业通过上云，依赖互联网技术红利，更有可能催生出智能生态圈。

每一家企业在“三浪叠加”的挑战中只有两个选择，一是保守战略被新一代企业收购，二是创新战略采用技术赋能自我颠覆商业模式。企业 CEO 的战略决策既不能“拍脑袋”又不能“邯郸学步”，而是要遵循“战略四步法”。

（1）预判终局

在别人挣大钱、挣快钱的同时，能否冷静、深入研究市场变化、前沿科技趋势，屏蔽短期诱惑和风险，根据长期发展规律，大胆预测 10 年后的商业终局，明确“人无我有”的新战略主线，如果误判会加速企业的生存威胁。例如，阿里巴巴在 19 年前认为零售业的“后天观”是电子商务，绕开重兵防守的线下战场，转攻线上营销、移动支付、信用机制，并于 2016 年 3 月创造出 3 万亿元年度交易额，超越沃尔玛成为全球最大零售体。

（2）早期押注

在竞争对手还没有看到终局时，将“现金牛”的利润战略性投入到下一代战略资源上，这一步是“战略卡位”与“战略踏空”的分水岭。大型企业由于自身资产与战略思维惯性，容易陷入“创新者的窘境”中，敢于早期押注的企业通常是中小型创新组织、远见与革新力兼具的大型组织。由于电商峰值计算的洪峰压力，IOE架构不堪重负，阿里巴巴从业务发展态势考虑，敢于押注云计算，连续10年投入巨资、人力自行研发，终于依靠分布式计算、分布式数据库、分布式中间件等全球领先技术，领跑中国云计算市场，跻身全球云服务商三甲行列。

（3）战略坚守

技术研发、新商业创新需要一段较长的时间，其间各种短期业务压力、组织人员变动、功能意外都会纷至沓来，董事会、CEO能否坚守战略路线是成败的关键。马云常说：“因为相信，所以看见。”没有大胆的梦想和浪漫主义的精神，是不可能在中国率先研发出云计算操作系统“飞天”的，单集群超过5000台服务器的通用计算平台颠覆了美国硅谷对中国科技能力的认知态度，随后，OceanBase分布式数据库在“双11”金融场景中替代Oracle，AliOS操作系统成长为全球第三大移动操作系统，让所有发展中国家的企业不再为昂贵的数据中心买单，云计算“让天下没有难做的生意”。

（4）风口迭代

当企业历经千辛万苦，成功开拓出一个新兴产业或垂直领域后，会有很多竞争对手看到商业机会战略跟随涌入这个市场，创新迭代的速度成为长期领跑该市场的关键，产品创新、服务改进、供应链优化、组织成长等众多问题会出现在CEO的办公桌上，以新技术能力、新商业价值跑马圈地、攻城拔寨，战略重点变成领跑市场。2017年大热的

“新零售”风口席卷了几乎所有电商平台、百货商场、超市、便利店、无人店等友商，而阿里巴巴的盒马鲜生、天猫小店、银泰城脱颖而出，用零售云、数据智能赋能生态零售商，成为全球企业学习和模仿的对象。唯有快速创新，才能在“新零售”赛道上定义未来。

新政策观：国家战略助推“叠浪式”创新

经济学家熊彼特在《经济发展理论》中提出“创新理论”，认为创新是通过重新组合生产要素，以解决问题为目标。针对最近三年的大型企业创新、全球创业企业调研，我们发现中国独特的“叠浪式”创新模式，一个完整的创新周期是由政策、人才、科学、技术、投资、商业六大战略资源红利交替推动。以人工智能创新为例：

（1）国家战略创新：国家战略促成政策红利

科技政策是中国创新的驱动力。中国网络强国、人工智能 2.0 战略的发布，形成了 AI 国家政策、AI 科研中心、AI 产业基金“三位一体”的创新源头，企业作为创新主体，与学术界共享政策红利。阿里巴巴组建达摩院、人工智能实验室、iDST，与浙江大学共建的之江国家重点实验室，仅阿里巴巴单方投资即超过 1000 亿元。

（2）理工科教育创新：政策红利激活人才红利

中国每年的工科学生（毕业生与在校生）总数逾 500 万人，居世界第一位。[①] 根据国家政策指引，山东科技大学、西安交通大学、成都

① 《中国工程教育质量报告》，教育部。

信息工程大学、贵州理工学院、内蒙古师范大学等8所高等院校，与阿里云大学合作共建大数据学院，面向本科生、硕士研究生招生，预计5年内为全国培养数万名云计算、大数据、人工智能的专业技术人才，为中国科技创新培育出源源不断的基础型人才。另一方面，按照国家颁发的《国家海外高层次人才引进计划管理办法》和《国家多层次人才特殊支持计划管理办法》，以“千人计划”“万人计划”吸引中高端海外科技人才，以领军科学家带领年青一代工程师研发市场需要的新技术、新产品。除此之外，以阿里云大学为代表的互联网技术培训生态圈，每年大规模进行云计算技术认证培训，培养在职工程师的新技能。

（3）基础技术创新：人才红利孕育科学红利

纵观过去20年的IT时代，在数据库、芯片、操作系统“三大件”上中国长期落后于美国。而在未来20年，中国有可能大幅缩小差距。据美国白宫分析，2016年中国在深度学习领域发表的论文数已经超过美国。另一方面，芯片是人工智能产业“皇冠上的明珠”，美国英伟达公司生产GPU通用芯片，谷歌研发TPU芯片，微软研发FPGA芯片，苹果采用A11仿生芯片，通用架构芯片（CPU/GPU）向专属领域优化架构芯片（DAS）发展，而中国能否自研AI芯片实现突破成为关键。近两年，阿里巴巴、蚂蚁金服连续投资寒武纪、Kneron（耐能）、深鉴科技等多家芯片公司，并汇聚全球前沿科学家团队进入达摩院，深入研究芯片、机器学习、基础算法、视觉计算、自然语言处理、人机自然交互、传感器、嵌入式系统、量子计算、网络安全等领域，主要目标是从产业问题出发，分享科学红利。除此之外，旷世科技、地平线机器人、极清慧视等中国科技企业也在研发智能摄像头、智能驾驶等AI芯片。客观来说，美国半导体产业领先优势明显，中国的AI芯片技术面临一场马拉松式的竞赛。

（4）通用平台创新：科学红利驱动技术红利

通用平台为创业者、大型政企释放技术红利。例如通用型AI开放平台提供图像/视频识别、语音识别/语音合成、自然语言理解、机器学习等基本组件服务，能够大大加快上层AI应用产品的研发速度。首先，阿里云PAI是基于分布式计算引擎的机器学习算法平台，包括回归、分类、聚类、文本分析等100余种算法组件。其次，阿里巴巴与蚂蚁金服合作的鲲鹏则是针对超大规模数据量（TB–PB级）的机器学习平台，能够分析千亿样本、百亿特征的分布式计算、算法优化系统。最后，阿里云数加平台为所有企业大数据实施提供一站式大数据解决方案，凭借企业数仓、商业智能、数据可视化等技术，加速企业互联网级数字化转型。

（5）应用产品创新：技术红利吸引投资红利

据CB Insights（美国一家独立智库）分析，2017年，全球人工智能和机器学习领域风险投资总额达108亿美元，而中国人工智能企业融资金额已反超美国，中国企业占比48%，美国企业占比38%。大量投资投给创业者，针对实体产业、数字产业的实际问题，基于通用平台快速开发AI应用，成为AI创新的价值落脚点，其本质是分享投资红利。阿里云数据科学家团队为行业大型客户研发了智能商业、智能政务解决方案，覆盖城市大脑、奥运大脑、工业大脑、农业大脑、医疗大脑、环境大脑、航空大脑等20多个行业，提出3000多个解决方案，共服务 10 多万家企业客户。2017 年发布 4 个月后，“天猫精灵”智能音箱即售出 100 万台，百万用户通过 AliGenie 中文人机交流系统进行语音购物、叫外卖、炒股票、给手机充值、控制智能家居、听音乐、查天气……

（6）商业模式创新：投资红利创造商业红利

据咨询公司普华永道预测，到 2030 年，人工智能带动全球 GDP 提升 16 万亿美元，其中半数归于中国。成熟科技产品则为商业模式的灵活变化带来了红利，AI 产品释放出共享经济、网红经济、零工经济的巨大潜力。阿里巴巴在便利店采用智能手机进行刷脸支付，利用智能车锁的 LBS 服务调配共享单车资源，用智能音箱在机场贵宾休息室为 VIP 旅客提供航班延误查询服务，在秀场直播中采用视频鉴黄自动监控违规主播。

欧美是“独狼式”创新模式，每位创业者都希望从 0 到 1 开辟出一条新赛道，每条赛道上的选手较少且专业，都是在该领域积累时间较长的资深专家，优势在于产学研联动性很强，技术对商业的转化环节十分成熟。而中国是“群体式”创新模式，最初通常具有明确的政策指向性，加速“新风口”呈现，在少数头部赛道上集聚政策红利、大量资本、创业团队，中国创业者之间紧密协同、取长补短、组合突破、快速迭代，以国内超大规模市场、丰富的工程师资源、普惠云计算工具箱探索特定领域几乎所有路径模式，试错速度快、创新周期短，以量变换质变，用密度促速度，万里挑一、优胜劣汰幸存下来的最强产品和团队，凭借领先全球的商业规模、技术能力上云出海，复制到东南亚等“一带一路”国家。

致 谢

在本书半年多的写作过程中，感谢所有参与访谈并无私分享的众多行业领军企业家、云战略合作伙伴，没有你们的创新智慧与最佳实践，就不会带来如此丰富多彩的中国数字经济生态圈，感谢每一个为本书内容提供帮助的机构和组织（排名不分先后）：天合光能、中汇信息技术（上海）有限公司、杭州市公安局交通警察局、茅台集团、中信集团、美年大健康、聚美优品、恒逸石化、吉利控股集团、海诺威制衣厂。

另一方面，本书的内容来自阿里云研究中心团队在2015—2017年对获得“云栖奖”的政府、企业的调研分析，感谢阿里巴巴副总裁刘松的鼎力支持，感谢业务和技术团队的组织协同，感谢《中欧商业评论》齐卿主编、司欢主编对第一章的优化，感谢阿里云研究中心王岳、杨军、宿宸等老师贡献第二章到第五章的案例。最后，感谢在近百个日夜理解并无私支持我的父母、家人，在我将大量时间和精力投入写书无暇顾及生活时能相伴相守，让这本书能够顺利问世。